# 工薪族
## 这样理财才有钱

李秀霞 著

中国华侨出版社

·北京·

#### 图书在版编目(CIP)数据

工薪族这样理财才有钱 / 李秀霞著. -- 北京：中国华侨出版社，2023.4
ISBN 978-7-5113-8698-4

Ⅰ.①工… Ⅱ.①李… Ⅲ.①私人投资—基本知识 Ⅳ.①F830.59

中国版本图书馆CIP数据核字（2021）第242761号

## 工薪族这样理财才有钱

著　　者：李秀霞
责任编辑：李胜佳
封面设计：韩　立
美术编辑：吴秀侠
经　　销：新华书店
开　　本：880mm×1230mm　1/32开　印张：6.5　字数：167千字
印　　刷：德富泰（唐山）印务有限公司
版　　次：2023年4月第1版
印　　次：2023年4月第1次印刷
书　　号：ISBN 978-7-5113-8698-4
定　　价：38.00元

中国华侨出版社　北京市朝阳区西坝河东里77号楼底商5号　邮编：100028
发　行　部：(010) 58815874　　传　　真：(010) 58815857
网　　　址：www.oveaschin.com　　E-mail：oveaschin@sina.com

如果发现印装质量问题，影响阅读，请与印刷厂联系调换。

# 前言

## PREFACE

让我们工薪一族焦虑的是,随着年龄的增长,随着父母的日渐老去,随着小家庭的建立,压在我们身上的担子也逐渐沉重。作为儿女,要考虑父母的养老问题;作为父母,要筹划孩子的奶粉钱、未来的教育费用。此外,房贷、车贷、人情往来,甚至我们自己未来的养老问题,没一样不让人操心的。需要花销的地方实在太多了,我们若还是停留在每月盼着薪水过日子的阶段,恐怕生活会越过越艰难,且经不起一点儿意外。

俗话说:"吃不穷,穿不穷,算计不到就受穷。"这句俗语道明了理财在生活中的重要性。说到理财,很多工薪族的第一反应是:就那点儿钱,刚够过日子,还理什么财啊?问题就出在这种观念上。正因为钱少,才需要理财。只有理财,才能聚财。事实上,越是没钱的人越需要理财。如今,理财产品种类繁多,理财方式不胜枚举，工薪阶层应根据自身情况，掌握一些适合自己的理财方法和技巧。其实，工薪阶层只要根据自己家庭的收支情况，细心核算，认真规划，是不难找到最适合自己理财的"经济公式"的。

　　幸福的生活需要物质支撑。对于广大工薪族来说，如果提起积累财富只想借着买彩票发财，等着天上掉馅饼，是非常不现实。正确的做法是，充分利用好现有的资源，从对自己的日常开支进行预算和评估开始，把理财作为一种手段，规划好未来的生活图景。工薪族应早早学会理财，学会投资。懂得了钱财如何运转，才能更好地保障自己的生活。在这个知识经济时代，理财水平的高低是工薪族能否存住钱的重要因素。成为理财时代的赢家，运用财富创造故事和传奇，是我们心中共同的美好愿景。

目 录
CONTENTS

## 第一章
## 向贫穷说再见，做个有钱不焦虑的工薪族

谁说工薪族不能致富 ................................................. 001
财富的差异，就在于你能否看出价格与价值的差异 ........ 005
想有闲钱，不能靠薪水，更不能靠别人 ....................... 007
上班赚钱很重要，聪明理财更重要 .............................. 009
只知道努力工作的人，容易失去赚钱的机会 ................. 011
靠涨薪不如靠自己理财 .............................................. 014

## 第二章
## 定下理财目标，努力去实现它

从敲定理财目标开始 ................................................. 018
定位的高度决定努力的程度 ........................................ 022
无数字化的目标等于没有目标 ..................................... 025

不要同时定太多的理财目标 .................................. 028

半年修正一次不切实际的目标 .............................. 031

不同阶段，制定不同的理财目标 .......................... 035

## 第三章
## 努力工作，争取积累更多本金

踏实工作，让收入平稳增长 .................................. 038

为梦想工作，不要仅仅为了赚钱而工作 .............. 040

做好规划，冲击高薪 .............................................. 043

不要因为枯燥而放弃上班 ...................................... 046

想办法找到属于自己的"赚钱密码" ...................... 048

找准定位，身价决定你的"薪"情 ........................ 050

由"I"型人才变为"T"型人才 ............................ 053

## 第四章
## 工薪族开源更要节流，合理开支靠预算

为何早出晚归却囊中羞涩 ...................................... 056

想要致富，就要先学会怎样花钱 .......................... 059

比起节约术，削减固定支出才是捷径 .................. 062

用长远眼光看待每一项支出 .................................. 065

把预算放在理财的第一步 ...................................... 067

"花在哪儿"比"花了多少"更重要......................070

根据财务目标和财务现状设定财务预算......................074

## 第五章
## 学会用钱追钱，才能坐享"高薪"

增加闲置的钱，你的收入就上去了......................077

投资，可以从"小"开始......................079

投资工具不必多，做对就灵......................083

"防御"和"稳健"是工薪族投资的关键词......................086

以平均收益为目标：不要试图大赚特赚......................090

赢得起输不起的投资最好不要做......................094

管理"错误的投资"......................097

## 第六章
## 自动化理财系统，建立你的"人生存折"

为你的钱分类......................101

理财也可自动化："四本存折"系统......................104

第一本存折：工资存折......................107

第二本存折：消费存折......................109

第三本存折：备用存折......................114

第四本存折：投资存折......................117

常翻翻你的"四本存折" ..................................................118

## 第七章
### 巧用复利，让财富加速倍增

想赚钱，先学会"放大"你的钱 ............................ 123

鸡生蛋，蛋孵鸡：复利无穷尽 ............................ 127

攒钱要狠，投资要早，时间要久 ........................ 130

利用顺复利，防范逆复利 .................................... 132

巧用"72 法则"创造巨额财富 ............................ 135

做"乌龟"别做"兔子"，年年赚钱最重要 ........ 138

## 第八章
### 打败"吃钱怪兽"——通货膨胀

通货膨胀是积累财富最危险的敌人 .................... 143

通胀面前，不生息的钱就是在贬值 .................... 146

想打赢 CPI，三招抗"通胀" ................................ 148

## 第九章
### 会存钱，巧赚钱

赚得多，不如存得多 ............................................ 151

别让工资卡"沉睡" ................................................ 154

先把收入的 30% 存起来 ............................................ 157
"四分存储法"让活期存款收益更高 ......................... 160
高效打理定期存款，使利息收益最大化 .................. 162
谨防储蓄中的破财行为 ............................................ 164
用好你的银行卡积分 ................................................ 167

## 第十章
### 做好投资组合，资金分配决定投资成果

做好配置，资产绝对不缩水 .................................... 170
组织你的"投资队伍" ............................................... 173
你有多了解自己的投资组合 .................................... 177
为什么要同时投资雨伞业与观光业 ......................... 180
越不相关，越速配 .................................................... 182
规划资产来保障自主自尊的人生 ............................ 186
监督投资：不用频繁看报表 .................................... 190

第一章

# 向贫穷说再见，
# 做个有钱不焦虑的工薪族

## ¤ 谁说工薪族不能致富

在大多数人的眼中，给别人打工永远成不了有钱人，这种论调在网上到处都是，很多工薪族也接受了这种观念，安于现状，埋头苦干，不敢有致富的想法。其实大部分的富人都是从打工一族开始的。

许安则从技校毕业后成为一名汽车修理工，每个月的工资是3500元，但是他没有像其他的汽车修理工那样，上班时间干活儿，下班时间海吃海喝。他一直都有理财的念头，从领到第一个月的工资开始，他就制订了存款计划。

一年之后，他就存下了3万元。这个时候，他不仅还在继续自己之前的储蓄计划，而且又有了新的理财举动。他取出了第一年存下来的3万元作为自己的创业资金，开了一家小小的服装店。当然，他还是做着汽车修理的工作，服装店另找人帮忙，他只负责进货事宜。那段岁月是相当艰苦的，但却使他逐渐看到了胜利的曙光。由于他努力工作，工资不断上涨，且服装店的生意也逐渐走上正轨，他手中的资金也慢慢多了起来。

几年之后，他终于有了第一个100万元。于是，他辞去了汽车修理的工作，专心发展自己的事业。因为资金充足，他想把生意做得更大，于是开办了一家服装厂。由于他经营有方，服装厂生意蒸蒸日上，他的财富呈现出几何倍数的增长。

手中有了好几百万元的资产，许安则还是不满足，他又开始投资房地产业。现在许安则已经成为广大工薪族仰慕的有钱人了。

许安则并不是生来就富有的人，也是从工薪族开始其财富之路的。他的条件比我们中的许多人要差很多，学历不高，干的是汽车修理的工作。但是他会理财，从每个月3500元的工资发展到后来的几百万元的资产。从中我们可以学到，只要学会理财，我们也是有可能从工薪族蜕变为富人的。

可是很多人会觉得自己的工资实在很低，不知道该怎样理财才能致富。其实，很多有钱人都有很好的储蓄习惯，同时，他们也会把储蓄的钱拿去做主动的有计划的投资。所以，我们虽然每个月赚得不是很多，但可以学习有钱人的这个习惯，先进行储蓄，然后再有计划地进行投资。许安则也是遵循这样的步骤来致富的，他先是用一年的时间进行储蓄，然后再投资服装店、服装厂，最后才是投资房地产，而在进行这些投资时，许安则也没有放弃自己的储蓄习惯。从中可见，储蓄是我们工

## 投资理财让你的人生富起来

人生能够积累多少财富,不取决于能够赚多少钱,而取决于如何科学地投资理财,概括来说,投资理财对人生的重大作用有以下三个方面:

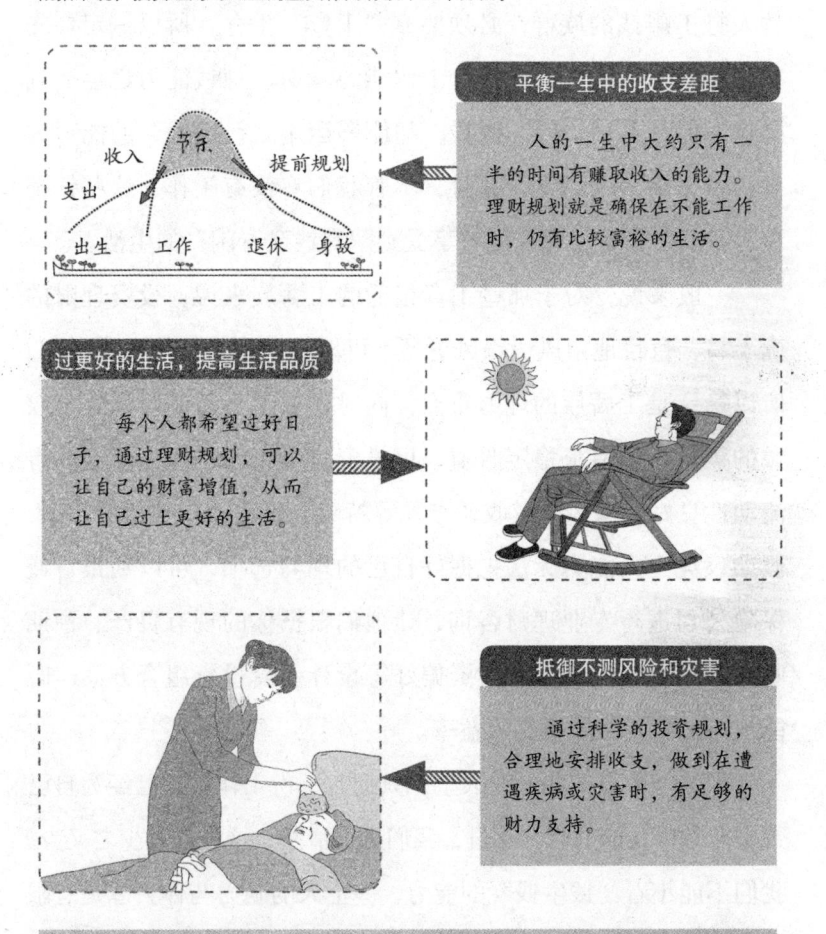

**平衡一生中的收支差距**

人的一生中大约只有一半的时间有赚取收入的能力。理财规划就是确保在不能工作时,仍有比较富裕的生活。

**过更好的生活,提高生活品质**

每个人都希望过好日子,通过理财规划,可以让自己的财富增值,从而让自己过上更好的生活。

**抵御不测风险和灾害**

通过科学的投资规划,合理地安排收支,做到在遭遇疾病或灾害时,有足够的财力支持。

总之,通过理财规划,你可以让自己的人生更从容、更优雅,远离老年窘迫,让一样的人生不一样地富有。

薪族致富必走的一条路径。

只有存够了一定本金，我们才能够有资本让"钱"给我们打工。要知道，用"人"赚钱，跟用"钱"赚钱的不同就在于，替人打工赚钱的族群，必须要靠"工资"生存，所以一定要先有"工作"才能有钱；一旦工作能力减退，赚钱能力也会受到影响。但是，用"钱"赚钱，却能够运用"钱生钱"的能力为自己带来更多的财富，并且，不管我们有没有工作，这些钱都在为我们工作，让我们能够享受到"有钱又有闲"的生活。

一般来说，对于那些工资很低的工薪族来说，投资理财的确不易，盲目地望风、跟风更是不可取，否则有可能血本无归。所以稳定是工薪族的理财重点，同时还要学会控制好风险与收益的关系。如追求稳定收益，可投资货币市场基金，基金具有流动性良好、低风险、收益平稳等特点，且进入门槛相对较低。假如仅凭个人能力无法把握好自己的理财选项，可以到银行或保险公司进行专业理财咨询，让他们根据你的现有资产、预期收支、家庭状况及个人投资偏好等设计一套投资组合方案，既能规避风险，又能提高收益率。

当然，也有一些专业人士，只拥有一份工作，却已经为自己带来非常可观的财富。不过，我们都很清楚，这样的人少之又少。我们不能小看"钱生钱"的能力，一个人的脑力与体力总是有限的，如果我们想要成为一个富有的人，不但要想办法开源拓展我们的"工作收入"，更要灵活增加我们的"理财收入"，这样，我们才能及早享受"财富自由"的美妙。

## ¤ 财富的差异，就在于你能否看出价格与价值的差异

对于同是工薪族的我们来说，薪水的多少是我们财富差异的一个重要指标，我们知道，很多单位采取的是定薪制度，大家每个月的收入都是一样的，为什么会有的穷有的富呢？这主要归结在理财的差异上。

同样是理财，理财的方式、途径不同，所获得的回报也就不同。即使采用同一种理财方式，不同的人还是会有不同的投资回报。为什么会这样呢？这是因为每个人对理财知识的掌握程度不一样，每个人对理财技术的了解也不一样，所以，人们在理财的过程中就会做出不一样的决策，这就会带来收入的不一致。换言之，对于工资处在同一水平的工薪族来说，财富的差异，就在于能否看出价格和价值的差异。

王晓飞在下班后逛商场，无意中看到一套自己特别喜欢的连衣裙，当时看了一下价签：500元。虽然这500元一件的裙子对于每个月只有2500元收入的王晓飞来说太过奢侈，但是她禁不住这件裙子的诱惑，咬了咬牙，还是把裙子买了下来。

第二天上班，她迫不及待地穿上新买的裙子向同事们炫耀。没想到，会计部的一位同事也穿了同样的一件裙子，她们竟然撞衫了。原来她们是在同一家店买的，奇怪的是，王晓飞买这

件裙子花了500元，而同事只花了170元就买到了，这让王晓飞很是气愤。她很想找店主理论，但同事们都说："谁叫你当时买的时候没有讲价。"而那位会计部的同事是这样说的："我以前是学服装设计的，大概什么价格能估算出来，一般情况下，价格高了，我就不买了。当时看到这件裙子的时候我就知道店家标高了，然后我就说了一句，'就材料和做工，顶多就100元，再给你70元的利润'，店家就同意了。"

王晓飞不了解那件裙子的价格和价值之间的差异，所以，她轻易地被店家的价签左右了；而她的那位同事却了解那件裙子的价值，没有轻易地买，而是先亮出自己的底牌，告诉店家自己知道这件裙子的价值，给店家70元的利润，虽然店家赚得相对少了一点儿，但还是有赚，所以，同事就以170元的低价得到了那件标价500元的裙子。

同样的一件裙子，王晓飞花了500元，而她的同事只花了170元，比王晓飞节省了330元。日积月累，王晓飞花出去的钱肯定比她的那位同事多很多，这就慢慢拉开了她们之间的财富差距。所以，处于同一个工资水平的工薪族的财富差异就在于他们能否看出价格与价值的差异。这是从花钱方面来说的，从投资理财方面来说也是如此。如果我们看不出投资产品的价格和价值的差异，我们还是会付出比那些懂得的人多很多的代价，并且会迅速拉大财富差距。

再拿股票来说，在股市中，如果没有找到价格与价值的差异,我们就无法确定以什么价位买进股票才合适。内在价值是一家企业在其存续期间可以产生的现金流量的贴现值。但是内在价值的计算并非如此简单。正如我们定义的那样,内在价值是估计值,而不是精确值,而且它还是在利率变化或者未来现金流预测修正时必须相应改变的估计值。此外,两个人根据完全相同的一组事实进行估值,几乎总是不可避免地得出略有不同的内在价值的估计值。

也就是说,如果我们对某一只股票的内在价值估计错了,就有可能给我们的投资理财带来很大的损失。但是,如果我们能够清楚地看到股票的内在价值和外在价格之间的差距,那么我们就能够避开很多投资风险,让自己的资产稳步增值。

总之,明确价格与价值之间的差异,对于我们做出理财决策、消费决策具有现实意义。在日常生活中,不妨多涉猎一些知识,以便在自己投资理财时做出适合自身情况的合理科学的决策。

## ¤ 想有闲钱,不能靠薪水,更不能靠别人

如果想拥有闲钱,那就不能单单靠薪水,更不能依靠别人。这两种途径都不能满足我们拥有闲钱的欲望,它们顶多能满足我们的生活需求而已。

就拿薪水来说,如果我们单靠薪水度日,那么,我们一生

中所拥有的钱也就是我们一辈子的薪资的总和。假设我们的工资为每月3500元，从25岁开始工作，一直工作到法定退休年龄，那么，这段时间所赚到的钱也只有147万元，而我们并不是只活到60岁，现在的科技发达，人们的平均预期寿命在不断延长，活到100岁已经不是稀奇的事，一般来说，大多能够活到七八十岁。我们折中一下就按80岁来算，那么，从25岁算起，一年赚到的工资总额，平均每年也只能够花26727元，平均每月只能花2227元。这笔账算下来，想必我们都能够很清楚地看到，仅仅依靠薪水是没办法拥有闲钱的。

那么，依靠别人呢？找个有钱的对象能不能让我们少奋斗几年，拥有大把用不完的金钱，坐享幸福的生活呢？很多嫁给富翁或者娶了富婆的人给别人的感觉确实是这样的，事实真是如此吗？

王霞是名牌大学的高才生，本来毕业之后，有很多公司都以高薪聘请她，但她经人介绍认识了老家的一位富翁。婚后，她就把所有的聘请都推掉了，专心在家做起了家庭主妇。开始时，她的富翁老公还经常带她出去玩，买各种礼物给她，每天下班回来都会陪着她散步、聊天。但是，随着时间流逝，她老公的工作越来越忙，和她更是少有共同话题。有一天，王霞决定回娘家散散心，跟她的老公要钱，她老公竟然说："要钱自己赚去，把钱给客户都有点回报，给你我能得到什么呀？"而王霞也突然惊觉：自己这么多年来，竟然没有一点儿存款。此时，王霞已经后悔莫及了。

每天的生活支付，王霞的老公都不会吝啬，但是他就是不能忍受将钱给王霞。在这样的环境下，王霞的生活非常被动，她一点儿自主权利都没有。

从王霞的经历中，我们也可以看到，想要通过找一个有钱的对象来达到自己致富的目的是行不通的。那么，想要有闲钱，我们能够靠什么呢？靠的就是投资理财。

财富积累必须靠资本的积累，要靠资本运作。一个会投资的人，有了复利的帮助，财富累积就能以几何倍数增长，金钱累积的速度就会跟滚雪球一样，越滚越大。只有通过有效的投资，让自己的钱流动起来，才能较快地积累可观的财富，才能让我们拥有闲钱。

## ¤ 上班赚钱很重要，聪明理财更重要

有很多工资较高的年轻工薪族认为理财不重要，他们凭借自己的学历和知识，找到的工作也非常满意，因为高薪，用不了多长时间他们就能够为自己打下丰厚的经济基础。在他们的眼中，自己每个月的工资足够自己花，想买什么就买什么，没有必要理财。

其实，这种想法会让他们未来的生活陷入困境。因为现在他们正领着工资，每个月都有固定的收入，还感觉不到金钱对

生活的影响有多大。如果拿着高薪而不理财，生活一样有可能会陷入令人尴尬的境地。

小卢毕业后成了一名北漂。刚来北京找工作时，他走了不少弯路，经历四个月痛苦的寻觅之后，终于在一家理财公司落下了脚，目前税后月薪6000元左右。小卢现在还是单身，在不考虑家庭因素的情况下，他认为："45岁之前，赚400万才够花。"具体说法就是，如果想在45岁退休的话，至少要有400万现金的"闲钱"，才能在退休后用这笔钱继续投资赚养老金。由于从事与理财相关的工作，他从一入公司就已经认识到理财规划的重要性，因此，小卢早早地开始了自己的理财规划。

小卢已经工作两年了，现在他的"资产"主要集中在股票上，他手上有市值近10万元的股票，基金定投账户有10000元，现金2500元。现金之所以少得可怜，是因为他2011年购买了iPad、iPhone这些数码产品。

小卢才工作两年，就已经积累了十几万元的资产，而且还能够跟着时代的潮流走。这主要归功于他从一工作就懂得理财。如果他和大多数工薪族一样，只重视自己薪水的高低，相信现在他也就只能拥有那些标志时代潮流的iPad、iPhone等产品，而不会有那么多的资产了。

有些工薪族努力工作，省吃俭用，但始终都在为"钱"发愁。他们常常问自己："钱都到哪里去了？我好像什么都没有做，钱就花光了。"问题的答案就在于他们没有良好的理财意识和习惯，一辈子都在糊里糊涂地工作、无计划地花钱，因此赚得再多也积累不下多少财富，更谈不上享受高品质的生活了。

我们必须明白，理财能力与挣钱能力是相辅相成的，一个有着高收入的工薪族应该有可靠的理财方法来打理自己的财产，从而进一步提高自己的生活水平，拥有更多的财富。

## ¤ 只知道努力工作的人，容易失去赚钱的机会

在很多人眼中，只要自己努力工作，就可以赚到更多钱。其实，只知道努力工作的人，是最容易失去赚钱的好机会的。

石油大王约翰·洛克菲勒也曾经说："趁着年轻努力工作，这是对人生负责的一种态度。但是，只知道工作的工作狂是实现不了财务自由的。大体上来说，工作狂们在房地产投资上都是些门外汉。也就是说，他们满足于用努力工作换来高薪，却不关心该如何有效地将高薪花出去，用钱来挣钱。对他们来说，工作优先，钱则是其次。因此，他们很难制订出具体的收益、支出及投资计划。"

我们的精力是有限的，当我们全力扑进工作的时候，我们就没有精力去顾及理财。而我们每个月的工资大多数是固定的，即使是靠业绩拿了高薪，如果我们不进行理财，我们赚来的高薪也会被通货膨胀所侵蚀，最终自己仍旧会受穷。可以说，那些放弃理财，把时间都投入工作中的人在赚钱的路上走错了方向。

35岁的陈小芳，在媒体业担任秘书，薪水3500元，为了给上司留下一个好印象，以后能够"加官晋爵"，获得加薪，她每天都会加班到很晚。虽然这些加班没有加班费，但她认为想要升职加薪就要让领导赏识，而加班努力工作是最好的途径。问题是，她每天都加班很晚，总是赶不上接小孩的时间，而每次发生这样的延误，就不得不贴费用给帮忙照顾小孩的看护阿姨。

　　陈小芳为了能够让自己赚到更多的钱，几乎把所有的时间都耗在工作上，自己没有时间去理财也就罢了，还要因为自己不能按时去接孩子而往外贴。可以说，陈小芳的这种依靠加班来争取升职加薪的方式不划算。第一，没有加班费；第二，倒贴孩子的看护钱；第三，失去了靠钱赚钱的机会。

　　有些幼儿园有这样的规定：延误时间去接孩子，每小时支付10元给看护阿姨。我们就按这个标准给陈小芳算一笔账：如果陈小芳每天都因为加班工作而必须向幼儿园的看护阿姨支付10元，那么她每个月至少需要额外支出220元。而且，不管陈小芳怎样努力工作，短时间内她的工资也不会上涨，也没有加班费。但如果陈小芳每天按时下班，按时去接孩子的话，她每个月就能够省下220元，她还可以利用这些空余时间去研究投资理财。打理好了，甚至可以有40%~50%的高收益率。这样，假设她每个月都拿出1000元进行理财，那她每个月能够多出400~500元的收入。这样算来就相当于她每月总共多收入600~700元。所以，只知道努力工作的人，是很容易失去其他

## 两类"穷忙族"如何摆脱"穷忙"状态

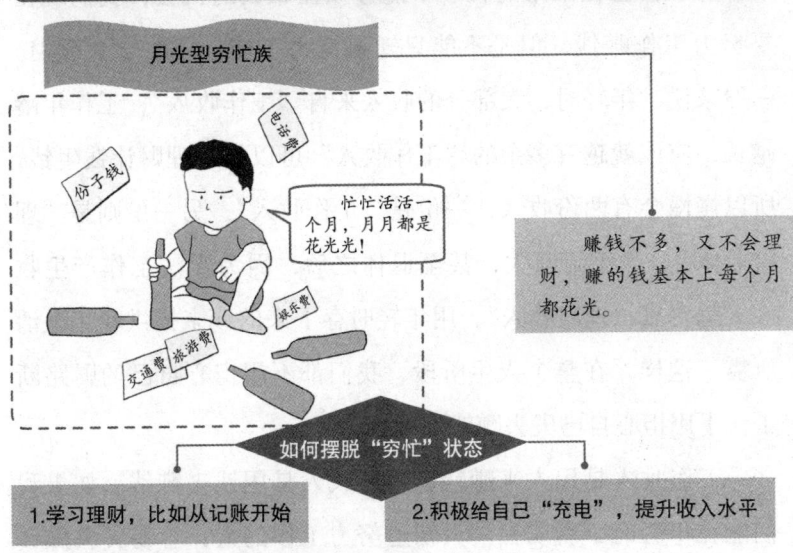

### 月光型穷忙族

份子钱 音乐费 交通费 娱乐费 旅游费

忙忙活活一个月,月月都是花光光!

赚钱不多,又不会理财,赚的钱基本上每个月都花光。

**如何摆脱"穷忙"状态**

1. 学习理财,比如从记账开始

2. 积极给自己"充电",提升收入水平

### 高收入穷忙族

忙啊,忙啊!

收入不低,每天很忙,但是,工资卡上存款却不多的人群,也被称为拿着高薪的穷人。

**如何摆脱"穷忙"状态**

1. 先节流再理财,适当减少不必要的高消费

2. 做出强制性的存款规划,比如,每个月必须存入收入的五分之一等

赚钱机会的。

为了自己在未来的日子中能够抓住赚钱的机会，我们现在要努力工作赚钱，但是不能只知道努力工作，还要学会理财。一般来说，年轻时，大部分的收入来自"工作收入"，工作年龄越长，应该就越有多余的"工作收入"可以投入理财让钱生钱，所以慢慢会有两份收入，一份是"工作收入"，另一份则是"理财收入"。等年纪渐大，甚至退休之后，因为无法工作产生收入，就要靠"理财收入"，用年轻时存下来的钱来提供晚年生活所需。这样，在整个人生阶段，我们都不用担心自己的财路断了，不用担心自己失去赚钱的机会。

工作收入是用人来赚钱，理财收入是用钱来赚钱。如果我们能在年轻时，就明白"只知道努力工作的人，容易失去赚钱的机会"的道理，想办法平衡好自己的工作和生活，就能够加大理财收入的比例，我们就越能有机会提早享受财富自由。

## ¤ 靠涨薪不如靠自己理财

薪酬是工薪族生活的最大重心，在找工作时，最关心的问题就是薪酬的状况。而且，绝大多数的工薪族都不会满足于自己当前的工作收入，他们总觉得自己还能够得到更高一点的薪酬。

在很多工薪族的心中，涨薪是提高生活水平的唯一出路。

但是看看我们身边的朋友，那么多人每天都勤勤恳恳地工作，想以此换取更多的薪资报酬，从来不敢过度享受，然而，生活依然是紧巴巴的。

张颖在一家大型国企工作了10年，工资从4000元涨到6000元。按说工资涨了2000元，生活应该有所改善。但是张颖说："6000元的工资，是广州大多数白领的工资水平，不用担心日常生活的开支问题，但是若和房价一比，工资便缩水得厉害。2003年，广州市中心最高的房价不过每平方米5000多元，而现在5000多元只能买1/4平方米了。"

从中我们可以看到，在工资涨的同时，其他东西的价格也在上涨，张颖所说的房价只是我们生活中的一个极小的部分。只要我们细心比较，就会发现我们生活中的所有东西都会随着时间的推移不停涨价。如果我们的收入足够多，增长足够快，攒钱的速度也会比别人快，也就能构成变相的投资回报，那样的话，我们的生活确实能够有所改善。

理想很丰满，现实却很骨感，可能很多人想象不到，2003—2010年，实际上处在社会金字塔中部的工薪阶层的薪水涨得最慢。有人表示他已经工作六年了，工资一直在原地踏步，而大多数的工薪族年收入都在10万元以下，而且大部分人认为从现在开始直到退休，自己的收入很难再有增长或增长不会超过10%。如果是这样，我们想要过上好日子，依靠涨薪肯定是靠不住。其实，工薪阶层如果有了理财的观念，生活就不会如此窘迫。为什么这样说呢？很简单，因为靠理财增加财富的速度远比靠涨薪快。

想想看，如果我们每个月工资为2000元，拿出工资的10%即200元来投资，若年收益率为10%，则两年下来，就可以得到5333.46元。而要求老板涨薪，想了好久终于提出加薪要求，老板给涨了200元，这样两年下来，也才4800元。而且，我们都明白，并不是每一次要求加薪都能够得到肯定答复。因此，靠理财来规划自己的收入，比要求老板涨薪更容易，同时收获也更多。王云和她老公就是靠着理财从平凡的月薪族变成了人人称羡的"薪贵族"。

王云和她老公两人每年工资差不多80000元，他们从结婚开始，就每年强制存下50000元。几年下来，两人在北京买了一套90平方米的房子，当时房价还没有现在这么高，4200元/平方米，房价378000元，付了首付108000元，剩下的27万元分15年还，每月付2000元。虽然两个人的支出多了2000元的房贷，但是他们仍然保持强制存钱的习惯，3年之后，又存下了120000元。这期间，他们也一直在模拟炒股，经过3年的模拟操作，他们也有了一些市场敏感度，于是把这些钱都投入股市，在2009年初回收290000元，一下子就还清了房贷，还买了一辆小车作为代步工具，他们的生活越过越红火。

一对收入不算高的夫妻工作几年，靠着有效率地理财，在北京住上了自己的房子，还买了小车，而且还没有高额欠款，这都是他们自己理财理出来的。

　　大家都知道，现在通货膨胀速度高涨，如果不做任何投资，到 2015 年，100 万元也就只相当于目前 78 万元左右的购买水平，如果一家三口要生活，还有教育费用等，就算薪水涨得快，可能也根本不够几年花的，更不用说随时可能产生应急支出。靠涨薪，还不如靠自己的理财来得实在。

　　即使每个月的收入微薄，只要能够合理规划，同样能聚沙成塔。理财不是一蹴而就的，它是一个循序渐进和积少成多的过程。

第二章
# 定下理财目标，
# 努力去实现它

## ¤ 从敲定理财目标开始

　　一个人不管做什么事，都要有目标，没有目标的人生不可能成功，就像在大海中行驶的船只，如果没有目标就会迷失在大海的苍茫之中。但是，如果我们拥有一个目标，拥有一个想要到达的目的地，那么，就会乘风破浪，一直朝着自己的目的地前进，终有一天，我们会到达我们想去的地方。同样，如果要在财富上有所收获，我们也要确立一个目标。也就是说，我们想要成为有钱人，拥有幸福的生活，就要从敲定理财目标开始。

　　要知道，我们生活目标的实现离不开财富的支撑，达到了理财的目标也就能够实现自己的生活梦想。例如，一个温馨的小窝、一辆豪华的座驾、一场盛大的婚礼、一趟欧洲之行、一次出国游学……不可否认，这些美好的生活梦想都需要通过财富来实现。而大多数人对于财富的梦想也仅仅限于想象而已，并没有一个具体的实施方案和时间表，对于如何来实现理想的目标更是一头雾水。因为没有具体目标，当然也就谈不上如何去实现，自然也就实现不了，这也就是所谓的"凡事预则立，不预则废"。为了实现这些美好的梦想，我们就要从自己的理财目标开始。

虽然大家对生活都有一些美好的梦想，但是很多人对理财目标没有一点儿概念。常常看到有些人在网上或到银行理财师那里一一介绍自己的财务情况后，就急着追问自己该如何理财。这样的问题会让理财师无从谈起——没有一个明确的理财目的和计划，如何围绕目标制订切实可行的理财方案呢？所以，想要理财，还是从敲定自己的理财目标开始。

张小英经营着一家小型服装厂，赚了不少钱。她去银行存钱的时候，银行的理财经理建议她把存款改成买基金。她听从了银行理财经理的建议，买了10万元的基金，出乎意料，半年之后，10万元的基金翻了一番，张小英被其吸引，增加了基金投资额度，同时，开始炒股。看着账户上资金的增加，张小英笑开了颜，连服装厂也不管了，整天守着红绿相交的电脑屏幕。然而好景不长，很快市场风起云涌，股票市场一下子从6000点跌到2000点，张小英被套牢了。前后一算，不仅没赚到钱，反而亏了60多万元，还赔了一家服装厂。

张小英没有确定自己的理财目标就开始理财，因为没有目

## 如何合理制订理财计划

列出现有财务状况

诊断现有财务状况

为财务状况开处方

拟订财务目标

　　一个良好合理的理财计划,将为你以后的理财做好铺垫,也可以让你的财产管理更理性,更具有长远性。

标的指引，她就只能跟着感觉理财，看到基金赚钱了就加码投资基金，看到股票赚钱了，就把钱都投资进去，还放弃了经营服装厂的生意。由于她随波逐流，最后翻船的时候她一无所有。如果有目标的指引，她就会向着目标前进。假如她设立了一个"扩大服装厂经营规模"这样的理财目标的话，那么，在基金投资获得收益的时候，她就会把资金投资到服装厂上，而且，她也不会为了炒股而放弃经营服装厂的生意。这样，她就不会最后遭遇被套牢之后一无所有的境地。从中我们可以深切体会敲定理财目标的重要意义，可以说，它决定着我们理财的成败。

1940年，美国科罗拉多州一户十分富有的人家诞生了一个小男孩，名叫多明奎兹。多明奎兹一出生便过着十分富有的生活。但是，随着多明奎兹一天天长大，独立意识逐渐增强，于是，他就树立了这样一个目标：依靠自己的能力生活，不再依靠家里，摆脱父母的资助。而要达到这个目标，多明奎兹就要实现经济独立。所以，多明奎兹就很积极地出去找工作，在18岁时，他便通过一份微薄的薪水开始了经济独立。

很长一段时间，多明奎兹每个月仅仅依靠500美元维持自己的生活，他拒绝了父母对自己的一切援助。到29岁时，他便成功实现了经济独立。那时的他生活得十分舒心，他从来都没有感觉到负担与压力。也是在这样的情况下，多明奎兹一年可以积攒下来6000美元。他之所以能在如此少的收入下拥有每年6000美元的剩余，主要是他不断地将自己的积蓄投资到国库债券之中，由此获得了利息，成功地实现了自己当初树立的理财目标：依靠自己的能力生活，不再依靠家里，摆脱父母的资助。

多明奎兹为什么能够取得如此好的理财成绩，就是因为他拥有一个非常明确的理财目标。为了达到自己的目标，他并没有投资那些回报快但是风险高的项目，他只是投资非常安全的国库债券，以此来保证自己资金的安全。

多明奎兹曾经说过："对于任何人来说，若想真正做到经济独立，都必须先做到量入为出。若是你每个月只有500美元的收入，那么，你必须将自己的开支控制在499美元之内，这样便可以做到经济独立。"其实，从这句话中我们也能够体会到目标的重要性，如果没有目标，那么我们就会很轻易地花光500美元。

为了真正享受到幸福的生活，我们很有必要确立一个明确的生活目标，从敲定理财目标开始，进入我们的理财生活。

## ¤ 定位的高度决定努力的程度

在人的理财征途上，定位的高度决定自己的努力程度。为自己确立一个宏大的目标，我们就能得到一个宏大的结果，当然也需要付出很大的努力。如果我们的目标非常渺小，我们所得到的结果也就会非常渺小，相对地，付出的努力也会小很多。

举个例子来说，假设甲乙两个人定了两个目标，甲的目标是在一年之内攒够1万元，而乙的目标是在一年之内攒够1000元。这两个人的工资收入是一样的，每个月都是2000元。那么，除去基本的生活费用之外，他们每个月能够剩下500元。对于甲来说，仅靠每个月剩下来的500元，一年之内是不可能完成攒下1万元的任务的。为了完成这个任务，他就会想方设法去增加收入，或者努力减少开支。但是对于乙来说，一个月能够剩下500元，一年攒1000元的任务实在是小菜一碟。他在平常的生活当中就没有特别强大的动力去增加收入，或者有可能他还会多花钱，毕竟每个月只要剩下八九十元就够了。所以，如果我们想要让自己得到更好的理财效果，不妨把自己的理财目标定得高一点，这样也可以激发我们更加努力。

　　对于想要通过理财打造出属于自己的财富人生的我们来说，仅仅依靠节俭是创造不出来富翁的，但它是我们实现财富人生的量变过程，能够高瞻远瞩、未雨绸缪，这也是我们成功致富的必经阶段。因而，在理财时一定要好好计划，给自己定位高一点，这样才可以激发自己努力的激情，为自己的将来积攒出一大部分资本，改变自己的生活。

　　王志华从小就立志要当一名音乐家，他也一直朝着这个方向努力。20岁之后，他如愿考上了美国的一所音乐学府。但是，家里并不富裕，他只能凑够去美国的旅费。到了美国之后，他为了维持生活，就到街头去拉琴谋生。

　　为了获得更多的钱，王志华选择了一家商业银行的门口作为自己街头卖艺的地点。跟他一起卖艺的还有一位喜爱音乐的朋友。他们在那里赚到了不少钱。等到了美国的那所音乐学府开学的日子,王志华就向他的那位朋友道别。但他的朋友却劝他留下来,因为那里的人流量很大,在那里能够赚到很多的钱,去音乐学府毕业之后还是一样要面临赚钱的问题。但是,王志华还是离开了那个地方,到音乐学府进修去了。

在大学里,虽然王志华不像以前在街头拉琴一样能赚很多钱,但他的眼界超越了金钱,投向更远大的目标和未来。多年以后,王志华再次路过那家商业银行时,发现昔日老友仍在那里拉琴。当那位朋友看到王志华时,很是得意地说:"看吧,你还不是要回来拉琴谋生。"王志华笑了笑,还真的坐下来跟他一起拉了一天的琴,之后就再也不去那里了。原来王志华已经成了很有名的音乐家,每年都有数不清的音乐会邀请,哪里还需要去街头拉琴营生。

从王志华的人生经历中我们可以看到,一个人定位的高度就决定了他的努力程度。要知道,人生之旅,每个人都有自己的理想,这种理想决定着我们的判断和方向。如果没有目标,就做不成任何事情。目标太小,也成不了大气候,就像王志华的那位爱好音乐的朋友,只能一直在银行门口拉琴;人要有更大的目标才能成大器,就像王志华,因为立志要成为音乐家,所以,最后他就能够脱离街头卖艺的生活,成为真正的音乐家。

高尔基曾说过:"一个人追求的目标越高,他的才力就发展得越快,对社会就越有益,我确信这是一个真理。"更是表明了这一点。

在生活中所取得的一切成就都要归功于我们所确立的目标,如果看不清自己的目标,我们就不可能得到自己想要的结果。而如果我们的目标树立得过小,那么我们所能够得到的结果就会很小;如果我们能够树立一个足够大的目标,这个目标就会驱使我们努力。我们必须学会用一种更加长远的方式去思考,去确定理财的目标。

## ¤ 无数字化的目标等于没有目标

但凡一个善于投资理财的人,他们都懂得,为自己确定一个行之有效的理财目标是至关重要的。如果我们能够拥有一个行之有效的理财目标,便可以紧紧围绕这个目标来实现自己的理财计划,并且可以通过正确的理财目标,让自己按部就班地去执行,从而起到一个良好的监督作用,让自己更快一步地实现理财目标。

但是在我们的生活中,很多人常常把梦想和目标混淆。例如很多人常常把成为一个有钱人这样的梦想当成自己的目标。我们都知道,梦想是人类对于美好事物的一种憧憬和渴望,有时梦想是不切实际的。既然不切实际,我们就无法实现。而如果我们把这样的梦想当成自己的目标,对我们也没有多大的动力，可以说，这样的目标等于没有目标。那么，为什么这样的目标没法触发我们的理财动力呢？因为这样的目标没有数字化，要知道无数字化的目标就等于没有目标。

那么，什么样的目标是数字化的目标呢？举个例子来说，假设根据我们目前的收支情况分析，每年可存金额最多有6万元，所以要用3年的时间准备18万元以上的本钱，这是一个目标；根据过去的收益率情况分析，每月用6000元投资年均复利收益率10%的股票型基金，用3年的时间准备24万元，这也是一个目标。确定经过计算的目标然后再一一实现，就是在一步一步向梦想迈进。梦想可以很大，但目标一定要现实，一定要数字化。

每个人都会对自己未来的生活有些期望，但要想真正实现这些期望，一个简单的办法就是把自己的目标具体地描述出来，也就是说要把自己的目标数字化。就像很多人都有成为"有车一族"这个目标一样，但是如果我们把成为有车一族这个目标具体地描述为"在两年之内，购置一辆15万元的家庭用车"，那么实现起来目的性就会更强。

只有数字化的目标才具有可实施性，如果我们将自己的目标设定成"我要成为有钱人""我要变得富有""我要成为巴菲特"……那么我们的目标是不大可能实现的。因为不管是"有钱人""变富有"，还是"巴菲特"都只是一个概念，没有可以衡量的标准。而财富目标是能用现金和数字来衡量和表示的，它只有足够清晰、具体、详细，有一个量的标注，实现起来才会更加顺利。

有一位25岁的妈妈抱怨说："理财好像就是要考虑孩子上学的费用，怎么去买一个大房子，如何过上幸福的生活，好像所有的钱都应该为这些目标去储蓄、去投资，时间长了觉得这样的生活有什么意思啊，还不如该花就花，该用就用。"

这位25岁妈妈的话让我们更加肯定了"无数字化的目标就等于没有目标"的说法，她的目标就是供孩子上学，买个大房子，过上幸福的生活。但是这些目标都是非常笼统的梦想，具体到孩子上学费用需要多少钱，什么时候买大房子，买大房子需要多少钱，过幸福的生活又要多少钱，对于这些东西，这位年轻的妈妈一点概念都没有，就知道自己需要攒钱、投资，而不知道自己需要攒多少。没有一个明确的目标去奋斗，每天都重复着同样的事情，时间长了，自然就会腻了。所以，当我们拥有一个梦想的时候，一定要把自己的梦想具体化、数据化，否则我们也会跟这位年轻的妈妈一样，无法坚持到我们梦想实现的那一天。

那么，如何把自己的梦想数字化呢？要想让自己的梦想数字化，首先需要掌握自己目前的财产状态。不用细分金融资产、房地产等种类，只需掌握自己目前拥有的资产和负债共有多少，再看看减去负债后的净资产金额是多少；然后还需要掌握自己的平均收支金额，最后了解一下实现自己的梦想需要多少金额,这样才能够算出自己需要用多长时间来完成梦想。

如果我们想更早一点实现自己的梦想,就需要选择一些回报率高的理财项目来投资,不能再按自己平常的保守方式进行理财,而且要把自己的梦想具化成一连串的数字,这不仅能够让我们向自己提出问题,而且在解决这个问题的过程中也会促进我们不断地思考,并主动学习理财,从而一步步靠近梦想。

## ¤ 不要同时定太多的理财目标

"树立过多的目标,等于没有目标。"因为目标太多,会使人分不清主次,眉毛胡子一把抓,结果往往一事无成。理财也是一样,如果同时定太多的目标,我们就会不知道该实现哪一个好,如果同时去准备,又会分散我们的精力,分不清主次,会导致最后什么都实现不了。我们应该明确自己的主要目标,一步一个脚印地走下去。

俄国著名作家列夫·托尔斯泰曾说:"每一个人都必须有自己的生活目标,人们必须为自己建立一辈子的目标、一段时期内的目标、一个阶段的目标。目标期限可以定为一年、一个月、一个星期、一天、一个小时及一分钟。除此之外,人们还必须为大目标而牺牲小目标。"但令人遗憾的是,很多工薪族紧紧抓着那些小目标不放。并且由于拥有的目标太多,耗尽了他们的精力,确实没法实现几个,所以,很多工薪族总是抱怨连连,总觉得自己付出的比得到的少得多。

作家爱默森也认为:"生活中有一件明智事,就是精神集中;有一件坏事,就是精力涣散。"如果一个人想法太多,或者要想实现的目标太多,必然无法精神集中,从而导致精力涣散。

相传古时候有一个年轻人学有所成之后,曾豪情万丈地为自己树立了许多目标,希望自己能够成为一名大人物。可是几年下来,他依然还是那个默默无闻的他,可以说一事无成。为此他感到很苦恼,听说自己家乡寺庙的方丈非常厉害,他就去找方丈解惑。

当这位年轻人跟方丈诉说完他的苦恼之后,方丈微微一笑,让他先去给自己烧壶开水。这位年轻人看见墙角放着一把极大的水壶,旁边是一个小火灶,可是没发现柴火,于是他便去外面抱了一些柴火进来,把壶装满,便开始烧水。可是由于壶太大了,他抱进来的那些柴火都烧尽了,那壶水还是没烧开。于是他跑出去继续找柴火,等找到了足够的柴火回来,那壶水已凉得差不多了。这回他学聪明了,没有急于点火,而是再次出去找了些柴火。由于柴火准备得足,水不一会儿就烧开了。

等他给方丈端来开水的时候,方丈忽然问他:"如果没有足够的柴火,你该怎样把水烧开?"这位年轻人想了一会儿,摇摇头。方丈说:"那就把壶里的水倒掉一些!水太多,火力不足,自然烧不开。就像你,一开始踌躇满志,树立了太多的目标,而你又没有足够多的'柴火',所以达不到目标。你要想把水烧开，或者倒出一些水，或者先去多准备柴火！"这位年轻人顿时大悟。回去后，他把计划中所列的目标划掉了许多，只留下最迫切的几个。同时，他还抓紧时间学到了很多其他方面的知识。几年后，这个年轻人的目标都实现了。

这个故事虽然跟理财无关，但其中的道理是一样的，不管是在哪个方面，目标定多了，而自己的"柴火"又不够，自然没办法让目标一一实现。当然，对于生活，我们不可能只抱着一个目标，生活的方方面面，我们都想享受到更好的待遇，我们自然而然会想要实现更多的目标，那么我们应该如何处理这样的状况呢？

首先，我们可以把自己的理财愿望都列出来，无论短期的还是长期的，都可以一一列举出来。然后，对所列的理财愿望逐一审查，将其转化为理财目标，排除那些不可能实现的。接下来，对这些理财目标进行筛选，再将筛选后的理财目标转化为一定时间能够实现的，并估算实现所需的资金的具体数量，按照时间的长短和优先级别对其进行排序，确立基本理财目标。然后把这些目标按照时间顺序一一记在纸上，最后按顺序一个一个来实现。虽然目标很多，但我们在执行的时候是一个一个来的，也就不会分散我们的精力，还符合不同时定太多理财目标的原则。

当然，我们也会有一些过于远大的目标，如果我们不加分析地直奔着这个目标努力，也会遇到跟上面提到的年轻人一样因为壶大装水太多而需要更多柴火和长时间烧火才能够烧开的问题，在这个长时间中，有些人就可能没有耐心或者因种种原因而未能实现自己的远大目标。但是，如果把自己的远大目标分解开来，分阶段，细化成一个个小目标，那么我们的动力就会足够。

我们在制定理财目标的时候，不要同时制定过多的目标；如果遇上一个需要大笔金额的大目标，就把它细化成许多小金额的目标，逐步激发我们理财的积极性。

## ¤ 半年修正一次不切实际的目标

不管干什么事，目标就像是指路的明灯，只有当我们建立了理财目标，才有可能取得理财的成功。制定与实现目标犹如一场比赛，随着时间的推移，我们会实现一个又一个的目标，我们的思想方式与工作方式也会渐渐改变，如果还按照自己以前制定的目标来执行，就会显得不合适，所以，我们需要半年修正一次不切实际的目标。

当然，投资者为自己设定了具体可行的目标之后，不等于设立的目标就一定可以实现，它需要我们踏实地去做。但凡一个在理财上取得一点成功的人，他每天都会取得一些小成就，因为他知道，每一次大的成就都是小成就不断累积的结果。正如有人说："任何成功都是由一个个小目标累积而成的。大目标可以给人们希望，而小目标则可以给人们动力。"所以，当我们制定目标之后，并不一定都能够按照自己的计划实现自己的目标，因为可能会因为我们太过高估自己而把目标定高了。为了能够及时发现这样的问题，我们就有必要时时检视一下自己的目标，这样就能够及时地发现自己订立的目标过大或者过小，如果有不切实际的就能够及时修正过来。

王大伟大学刚毕业，在一家科研所工作，每个月固定收入2000元，奖金及补助一共3000元，日常支出主要是房租每月1000元，衣食支出800元，交通和电话费每月400元，其他支出100元。他觉得男儿当自强，有房有车才是真正的生活，于是从大学一毕业，他就定下了工作两年之后买房买车的目标。工作了半年之后，王大伟算算自己的资产，发现自己只攒了16200元，这样一来让他觉得同时买房买车并不是那么容易的事，感觉是那么遥遥无期。由于工作时间安排得很满，没有时间来兼职，他的收入不多，两年之后，根本没法买房买车。于是他就修正了自己的目标，希望自己在工作两年之后，能够买一个房价在每平方米5500元左右的小户型的房子，车子就等到买房之后再考虑。

一年之后，父母为他提供了8万元，加上王大伟自己之前的努力，他的活期存款也有了12万元，他还有1万元的定期存款，所以，他就从活期存款中拿出10万元左右付首付，买了一套50多平方米的小户型的房子，总价在30万元左右，贷款是利用住

## 制订个人理财计划的技巧

**没有正确的理财方向**
首先,要有一个科学系统的理财规划,并严格执行。其次,理财一定要尽早开始,长期坚持。最重要的是,要愿意承担风险。

**过度投资**
有的人一味追求高利益,什么投资都想尝试,效果往往适得其反。过度投资会导致个人债务增大,生活压力增加,从而得不偿失。

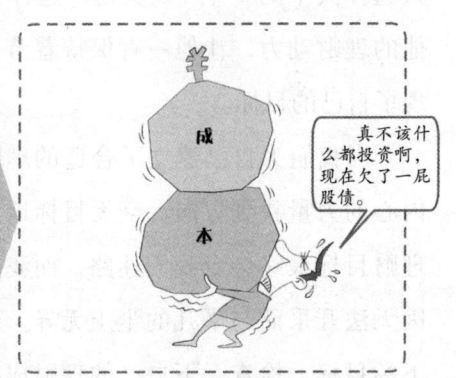

**单一投资**
一些人听到预计高收益率的产品,便一哄而上争相购买,却没有关注它的风险。他们往往会将资金投向单一的投资领域,一旦发生投资风险,财务危机随之产生。

房公积金做房贷，贷了 15 年，月供约 1750 元。

如果王大伟没有修正自己的目标，那他就会一直惦记着一起买房买车，这就需要一笔非常大的资金。也许在半年之后，他会发现靠自己所赚的那点工资在两年之后远远不够买房和买车的首付，这样就会打击他的积极性，也许不再这样节省自己的支出，会变成那种只管享受的月光一族。

所幸他工作半年之后，审视了一下自己的目标完成状况，发现自己的目标定得过大，于是修正了自己的目标，舍了买车，只选择其中的一个——买房。这样，由于目标的可行性激发了他的理财动力，让他一直保持着节省的好习惯，在两年之后实现了自己的目标。

当我们为自己建立了合适的理财目标之后，便可以让自己内心的力量找到方向。毫无目标地漂荡或者看不到一点希望的理财目标最终会令我们迷路，而我们心中那座无价的金矿，也因无法开采而与平凡的尘土无异。所以我们要经常审视已经定下的目标，检查一下自己的理财成绩与目标的距离有多大。这就好像仓库每半年要进行盘点一样，审核自己哪些事情做到了，哪些事情还要再努力。当然，也无须每个月检视，因为可能有些事情无法立竿见影，如果检视频率太高，会因为进步幅度太小，让自己情绪变得不好，所以每半年审核一次就好。

除了自我检视之外，还可以寻求理财经理提供专业协助，效果可能更佳。不管使用哪种方法，我们一定要了解目标与现实之间的差距，考虑是否符合个人能力和市场环境，预定的目标一定是在当前条件下可以达成的才有意义。一旦有力不从心之处，要么就修正自己的目标，要么就找寻其他投资报酬率较高的工具，或者设法开源节流。

## ¤ 不同阶段，制定不同的理财目标

目标是行为的指南针，不管我们做什么事情，总是由目标为我们指引正确的努力方向，理财也不例外。要想取得很好的理财成绩，就需要有一个明确的目标来指引我们的理财活动。但是我们不能一生只用一个理财目标来指引理财，要根据自己所处的不同的人生阶段，制定不同的理财目标。

我们都知道，目标过大或者过小，对我们的行动都不能起到很好的指引作用。而我们的人生几十年，在不同的阶段有不同的生活需求，为了实现这些生活需求，我们的理财目标就要在我们的生活之上来确立。而生活需求的不同，就决定了我们的理财目标的不同。最为核心的是，一定要确定合理的理财目标，不要盲目地把理财当作赚钱的手段。

一般来说，当我们刚步入社会的时候，一点经济基础都没有，这个时候不适合制定过于宏大的理财目标，最主要的就是要实现自己的经济独立。所以，这个时候我们可以为自己订立一个月赚多少钱，一个月存多少钱，或者是自己工作多少年之后自己的资产达到什么样的水平之类的理财目标。这个时候，实现经济独立是最重要的，而这样的目标可以让我们在平时的生活中节俭一点，让自己能够及早准备出投资理财的资金。

等我们工作稳定之后，生活也成熟一些之后，我们就可以制订要花多少钱买多大房子的目标了，就可以制订准备多少结婚资金和养育孩子资金的目标了。等到孩子长大之后，我们又得改变自己的理财目标，开始为自己的老年生活做准备，退休养老金又成为我们的理财目标。

洋洋洒洒，我们一生需要不停地制定自己的理财目标，在不同的阶段我们会面对不同的生活需要，相应地，理财目标也得跟着变化。当然，这些目标，并非都是同时进行的，因为有的可能是年轻时需要实现的，而有些可能是年老时的目标。所以我们需要根据自身所处的不同阶段，制订不同的理财计划。

杨大爷如今已经退休在家颐养天年了，晚年生活过得和和美美，当小辈向他请教成功生活的秘诀时，他总结是因为他这一生一直都有一个适合的目标指引着他，他微笑着说："我22岁的时候，刚刚参加工作，当时就准备26岁结婚时存款达到5万元，用于购买家电，举办婚礼；结婚之后，我就准备28岁时要个小孩，同时准备好2万元用于生孩子时的开销；打算30岁时拥有属于自己的一套中等面积住房，到时候可支配的易变现资产达到首付款额；买完房子之后，我又准备35岁时购买一辆私家车；买了车之后，我又希望到40岁时，拥有一套大面积的住房；然后，又希望自己在65岁退休时，能为自己攒下以后20年的每年不低于4万元的养老金。于是就有了现在这样的生活了。"

从杨大爷身上，我们可以看到，要想拥有一个完美的人生，就要提前制定好自己的理财目标，而且在生命的不同阶段，应该有不同的目标和计划，而理财的目标，就伴随着我们的生活目标，陪我们走完一生。

对每一位工薪族来说，如果不出现大的意外，那么职业生涯将会沿着"事业起步上升期——事业稳定成熟期——事业巅峰期——退休期"这样的轨道一步步往前发展。从理财的角度而言，我们应该尽早明白自己各个阶段的任务，以及相应的理财目标，这样，才能以积极有序的计划去应对漫长而又时有突发事件的人生道路。

第三章
# 努力工作，
# 争取积累更多本金

## ¤ 踏实工作，让收入平稳增长

对于我们工薪族来说，工资是我们理财的本金，是我们理财的基础。由此可以推断，拿下职场是我们理财的关键，这就需要我们踏实工作，让自己的收入平稳增长，给自己的理财生活提供一个更好的基础。

很多人一听说投资理财会有非常好的收入回报，就产生了这样的想法："如果我专门研究投资理财，说不定我会赚得比老老实实工作多。"确实，用钱赚钱比人来赚钱更为轻松容易，但是我们要明白，如果没有什么钱可理，哪来什么收入回报呢？所以，为了拥有更多的投资回报，我们首先还是要踏实工作。先确保自己的收入，才能让自己有财可理。

踏实工作是正确的价值观，只有工作才能换来收益。我们如果创造不出价值，那谁会给我们开工资呢？要想创造出价值，踏实工作是必需的。没有一项工作是三心二意就能完成的。我们需要踏踏实实地工作，才能够有成绩出来，只有干出了成绩，我们才有机会提升自己的工资。要知道，在理财的道路上，我们的可理之财越多，积累的财富也就相应越多。所以，我们要踏实地工作，不要整天做一些白日梦，觉得自己即使没有工作也能够通过投资理财获得收入。

为什么会这样呢，因为让金钱自动来找我们的事是永远不会发生的。钱需要努力去赚，然后还需要努力去打理，这样的过程才是正确的。如果我们不去工作挣钱，那么财富是不会光顾我们的。因为对于工薪族来说，第一笔财富的积累，自然就是每个月的薪水了。薪水的高低，决定了我们是否可以拿出更多的钱投入理财计划中。

如果我们总是以"做一天和尚撞一天钟"的态度来对待自己的工作，终有一天，我们就会因为自己的工作没有什么成绩而被公司开除，这样，就会断了我们的金钱来源，想必这个时候还想投资理财也是难上加难的事情。作为工薪族，我们一定不要忘记一点：工作是我们工薪族主要的收入来源。要想通过投资理财发大财，我们首先需要获得高薪水，踏实努力地工作是必不可少的。

自古以来，金钱只会往勤劳的人身边聚集，看如今那些富翁，无一不是靠个人奋斗取得成功的人。而那些有幸继承了大量财富的人，如果自身没有努力工作，没有用心去打理自己的财产，只知道挥霍的话，很快就会沦为穷人。

所谓一分耕耘，一分收获，只有辛勤工作才能换回踏实的成果。所以我们要踏实地工作，努力让自己的收入逐年增长。当然，我们所提倡的努力工作并不是"两耳不闻窗外事，一心只读圣贤书"，事实上，努力工作不是埋头傻干，是需要头脑和思考的。同样的时间，同样的辛苦，如果再加上一点思考在里面，那么收获将是若干倍。所以，工作同样是需要智慧的，稍加思索，有可能事半功倍；否则就有可能事倍功半。这就要求我们要聪明工作，智慧处事，让自己的工作更有效率，通过踏实和勤奋而非投机取巧的手段来达到加薪的目的，这样既锻炼了自己的能力，也为理财提供了更丰厚的资本。

## ¤ 为梦想工作，不要仅仅为了赚钱而工作

我们都知道，工资是我们工薪族投资理财的本金，但是我们在工作的时候，不要仅仅为了赚钱而工作，如果只为了赚钱，我们会过得很辛苦，而且，可能会有反方向发展的效果。我们应该为了自己的梦想而工作，有了梦想的指引，我们的工作就会进步得快，相应地，我们的工资自然而然也会有所提高。

张华和李隐是一对好朋友，大学毕业之后两个人很幸运地来到了同一家公司工作。因为两个人在学校的成绩不相上下，进公司的时候，他们两个人被安排在同一个部门工作，月薪都

是 3000 元。

张华看中这家公司是因为他觉得这家公司能够为自己实现梦想提供实践的空间，这份工作能够锻炼自己的能力，让自己早日成为一名高级的商务管理人。而李隐则是因为这家公司提供给应届毕业生的工资是最高的才选择了这家公司。

因为两个人的目标不一样，所以努力的方向也不一样。张华为了早日实现自己的梦想，从一进入公司就跟同事们搞好关系，积极向他们学习业务上的知识，每天都加班加点地工作，积极参与公司的大小事情。很快，他们部门的领导因为公司业务的需求，被调往另一个城市去开发新的市场，公司需要从他们部门里提一个人上来担任领导这个职位。由于张华平时的积极和努力，他在这种情况下就脱颖而出，当上了他们部门的领导，工资立马提高了一倍。

而李隐因为是奔着那 3000 元的工资去的，总觉得自己刚毕业就能够拿到 3000 元的工资已经非常满足了。所以，每天他只干自己分内的工作，到点就下班。后来，他听说另一个公司相同的工作岗位一个月的工资是 3500 元，所以跳槽去了那家公司。没想到他跳过去两年之后，那家公司竟然破产了。他只好另寻工作，在之后的工作中他总结自己已经工作了那么久，而工资还是在 3000 元上下浮动，心里很是不平衡，所以总是不停地跳槽，不停地找工作。由于总是没干多久，李隐一直都没有晋升的机会。所以，毕业五年之后，他再看到他的好友张华的时候，张华已经是他们以前那家公司的总经理了，工资也早就翻了好几番，已经是每月15000元了，这让李隐羡慕不已。

虽然张华和李隐在学校的时候成绩不相上下，但是由于抱着不同的工作目的来工作，五年之后两个人的境遇竟发生了如此大的改变。张华为了自己的梦想而工作，五年之后，他实现了梦想。而由于职位的提升，他的工资也就跟着水涨船高了。

而李隐，一心只为了赚钱而工作，不愿意多付出，找到能够提供更高工资的公司就辞职跳槽。这样，由于总是"新员工"，所以虽然已经毕业五年，但他还是处在一线员工队伍里。在这样的队伍里，薪水自然不会高到哪里去。

从他们两个人的工作经历中我们可以看到，如果我们只是为了积累理财的资本，只为了赚钱而去工作的话，难免陷入李隐所处的困局。而张华，他并不只是盯着金钱，而是不计较得失，做长远打算，坚定地朝着自己的梦想前进。于是，在他攀登梦想高峰的时候，高薪也就水到渠成，投资理财也有了更多的本金。

我们在工作的时候要为了自己的梦想而奋斗，不要目光短浅地盯着那点工资，要知道，相较于理财资本的积累，自身各方面能力的沉淀是更为重要的"财富"积累。

一个以薪水为个人奋斗目标的人无法走出平庸的生活模式，也从来不会产生真正的成就感。工资也许是工作的直接目的，但是工作中真正让我们获利的并不是装在信封中的钞票。我们不要仅仅为薪水而工作，薪水只是工作的一种报酬方式，最直接，但也最短视。一个人如果只为薪水而工作，没有更崇高远大的目标，所获的财富只会很有限。

## ¤ 做好规划，冲击高薪

为了能够打理更多的本金，能够为自己提供更多的投资理财赢利的机会，我们都希望自己能够拥有"高薪"的工作。可以说，高薪是每一个工薪族都梦寐以求的目标，但如果你在追求高薪时不得其法，可能就会走一些弯路，甚至会到处碰壁。因此，要想找到高薪职位，我们需要从一开始就做好规划，这样才能够让自己顺利冲击"高薪"。

王金义是某外企的项目经理，他只工作了三年，年薪便已达20万元以上，对于自己的职业发展，王金义颇感自豪。"正是因为提前做好规划，所以我才能够在短短三年之内就冲到这么高的薪水。"他说，"我们本科刚毕业的时候，很多知名外企都到校园招聘，进京抑或是进沪，户口档案都能直接调过去，月薪一般在四五千元。如今，我们班那批考研的可惨了，工作越来越不好找，户口档案基本上无法调动，薪水更不高。更糟糕的是，现在房价还越来越高！"

在王金义看来，正因为自己在毕业之前就提前做好了规划，所以，在他们班里那么多人都在准备考研的时候，他毫不犹豫地放弃考研选择直接参加工作,避开了越来越紧张的就业形势,让自己走对了第一步。而之后他也一直按照自己的规划一步一步往上爬,才让他得以在刚刚工作了三年,就拿到了20万元以上的高薪。

从王金义的经历中,我们可以看到,想要冲击"高薪",提前做好规划是很重要的。在我们身边,来来去去的同事也不少,他们总是因为自己觉得在公司工作没什么意思就辞职走人,有的甚至连自己辞职后干什么都没有想好就走了,然后让自己的职场生活处在一种空白的阶段。这样"休息"了一段时间之后,再去找工作又只能从头干起,屡屡如此,又如何冲击我们想要的"高薪",如何给自己提供高额的理财本金呢?

美国作家雷恩·吉尔森在其职业规划丛书《选对池塘钓大鱼》中写道:"生存的问题是需要发展来解决的。如果我们将着眼点始终放在生存上,也许就永远停留在维持生存的状态;如果我们一开始就关注发展问题,我们就将迈入崭新的人生境界。所以我们不要为了工作而工作,为了赚钱而工作,我们需要用发展的眼光为我们的工作和生活提前做好规划。"

林晓娟从学校毕业之后,先后做过服务员、保险业务员、家电促销员等工作,频繁地更换工作使她多少感到有点力不从心。在外人眼里,小林每个月都拿着一份不算太好也还马马虎虎的薪水,还算是个"全才",以为这丰富的工作经历会给林晓娟在求职的时候提供加分点。但是她的每一份新工作的薪水总是不上不下。而随着青春的流逝，她逐渐意识到自己的职业发展身价也在不断下跌，想要拿高薪的机会越来越渺茫。

林晓娟就是因为没有提前做好规划，不知道自己适合哪个行业才会让自己从事这样多的而且不相干的工作职位。这对她的冲击"高薪"的目标一点帮助都没有，因为从一个行业转到另一个行业去工作，别人不会把我们当作有工作经验的人来对待，只会按最低的工作水平来给我们发工资。如果我们总是从这个行业换到另一个行业，就很难要求到高一点的薪水，这样就白白浪费了我们之前的工作经验。

而如果我们提前做好工作规划，让自己在一个目标的指引下，在一个行业里一步一步地往上走，当我们达到高峰的时候，我们的薪水必然也会跟着我们的职位不断上升，这样，可供我们打理的钱财也就逐年增加。所以，我们从学校毕业的时候，不要过于盲目地去寻找工作，要提前做好工作规划。那么，我们该如何做好自己的工作规划呢？

首先，我们要结合自己的专业、兴趣和特长，尽量在自己喜欢的行业里发展，这样在工作中才有积极主动的上进心；其次，应当考虑市场对人才的需求量，将自己打造成市场紧缺型岗位所需要的人才；再次，要选择那些在可预见的未来不会消失，且能够持续而快速发展的职业；最后，要看这份职业是否有无限发展空间，能不能帮助自己实现物质和能力的不断提升。如果我们能够做到这几点，那么相信我们的工作规划会带领我们更早到达我们想要的"高薪"位置，就可以为我们提供更多的理财本金。

## ¤ 不要因为枯燥而放弃上班

每天都在同一时刻起床，坐着同样的交通工具上班，每天看到的人和所做的事也都是重复的，甚至还得工作到很晚才能回家。周末好不容易有个空闲的时间，却又全都用来补觉了。这几乎是所有工薪族生活的写照。很多人因为觉得这样的日子过久了很是枯燥就放弃了上班。其实这样的做法是非常不明智的，也会让我们失去一些积累资金的机会。

王小军和苏童是大学同学，他们俩毕业之后就一直从事制造业工程师的工作，已经工作3年了。对于制造业工程师这个职位，他们两个人都觉得工作的内容比较枯燥单一，也很清楚不适合他们自己的性格。对于这样的情况，王小军选择了继续自己的职业，继续培养自己对这个职位的兴趣，期望有朝一日可以往自己喜欢的管理层发展。

而苏童则选择了放弃这3年的积累，跳到了自己喜欢的媒体行业。但是，由于他对于媒体行业来说是一个新人，虽然他已经拥有了3年的工作经验，但是他对媒体行业的工作是零经验，所以，在他入职的时候，新公司只给他提供了一个应届毕业生的工资水平。薪资待遇远远比不上以前那个职位的待遇，而且还承担了更大的生活压力。看着王小军还是过着以前那样的生活，苏童心里很不是滋味，有时就会不由自主地怀疑自己的选择是不是正确的。

为什么苏童会怀疑自己的选择呢？肯定是他自己在做出这样的决定之后，自己的生活反而没有之前的生活过得好。我们不说别的，就从理财角度来说，工资是工薪族理财的最重要的资金来源，而苏童在因为觉得自己的工作枯燥而选择离开之后，新职业虽然是他喜欢的行业，但是工资水平却是应届毕业生的工资水平，与他之前的工资相比大大缩水。这相对于他原来的工作，他的收入减少了，可以投资理财的资金就少了，也就是说他的资产是以双倍的速度在减少。

而王小军的工作虽然仍然枯燥，但是由于他已经工作了3年，经验的积累会让他的薪水起点更高，也就是说他的收入是保持正方向发展的。如果他以后能够转型成功，也能够利用之前的这3年的工作经历，这样他的薪水还是会很高，而不会遭遇到像苏童那样被清零的待遇。所以，如果我们觉得自己的工作很枯燥，可以从他们两个人的身上获得经验和教训，然后再慎重做出自己的选择。即使苏童以后一直在媒体行业发展，但是他相对于同龄人来说，还是晚起步了3年，别看这3年的时间不长，但是它所能够产生的财富效应是很大的。

其实，所有的工作干久了都会进入一种重复的模式，如果我们总是因为觉得枯燥就放弃工作，那么，我们就没法在一个工作岗位上待很长的时间，就要不停地换工作。如果换工作不顺利，我们的收入就会中断，而生活还需要继续，必须消耗我们的资产，这就会让我们的资产以双倍的速度减少。所以，当我们觉得自己的工作很枯燥的时候，就算算这笔账，除非我们能够保证我们的离开对自己积累资金没有什么影响，否则，还是想办法培养自己对工作的好感比较明智。

## ¤ 想办法找到属于自己的"赚钱密码"

俗话说，"不管是黑猫、白猫，能抓到老鼠的就是好猫。"对我们工薪族而言，也并不是只有穿西装打领带的才是正当职业，福布斯曾经公布美国的400大富豪名单，其中的许多富豪所从事的工作可谓五花八门，包括制造卫浴设备、卖沙拉酱、销售杀虫剂，还有卖吹风机等工作。所以，不管我们从事的是什么职业，只要我们能够找到自己的"赚钱密码"，让自己赚到源源不断的薪水就行了。

2012年2月，网上到处流传着一位"80后"的美女辞去了人人羡慕的银行职员的工作，而去当月嫂的故事。这个故事的主人公叫高英，她在2006年大专毕业后，就到银行工作了，但是因为讨厌银行枯燥乏味的工作，她竟不顾亲友反对，毅然辞了工作，回到青岛当了一名月嫂。

她说："刚毕业我就结婚了，度蜜月的时候就怀了宝宝，自己边学习边照顾宝宝。看的育婴方面的书多了,便喜欢上了这一行。我在上海工作了一年,觉得银行的工作十分无聊,便带着孩子回到青岛。后来接触了月嫂这一行,竟然坚持做了下来。一开始回来做这行,心里也有落差,父母也不理解,他们总觉得坐在办公室当白领才是好工作,可我权衡了一下,工作压力和收入并不成正比,我还不如从事自己喜欢的工作,并且月嫂收入也不低。"

从高英的话中我们可以体会到,高英非常喜欢自己后来选择的月嫂工作,这个工作的收入也的确不低。而且兴趣必然能够激发更多的工作热情,这样高英就会赚得更多。所以,从她的身上,我们可以看到,找到自己的"赚钱密码"是多么重要。

一个人只有在从事他所挚爱的职业,在充分发挥自己的能力时,才能更快地取得成功,而工作成功是高薪的基础。我们应该清楚地了解自己,这样才能找准自己的位置。找到符合自己的职业兴趣、能充分发挥我们的专长的职业,就等于找到自己的"赚钱密码",能让自己轻轻松松地赚到更多的钱。

著名职业经理人、惠普前全球副总裁孙正耀曾说:"如果你对工作有兴趣,你就会有激情,你就不会为钱而努力,而是为理想而努力。到那个时候金钱自然也会有。所以说做任何事情,激情是第一位的。"可见,兴趣能给人带来工作激情,进而做出卓著的工作业绩。这就需要我们尽可能地像高英那样,找到自己的工作兴趣。那么,我们该如何找到自己的"赚钱密码"呢？

我们要想找到属于自己的"赚钱密码"，让自己在工作上轻轻松松地赚大钱，我们要找到自己的最大的梦想，让这个梦想一直支撑我们的工作。既然是我们的最大的梦想，我们就不可能一蹴而就，这就需要钱先帮我们完成一些责任。那么，为了能够尽快积攒到实现我们最大梦想的资金，我们就必须先找出自己最突出的成功特质。比如，找专业对口的工作，或是以自行创业的方法来换取最高报酬。相信我们不希望自己就像身边的一些人一样，过着行尸走肉般的生活却不自知。

如果我们现在从事的工作一直没办法让我们开心，甚至无法赚到我们生活需要的钱，那倒不如先反过来，辞去这样的工作，然后去找到自己喜欢的行业。因为我们都已经明白了这样的道理：从事自己喜欢的事业，不但不会觉得辛苦，财富反而会随着我们的热情而来。当我们找到我们喜欢的事业之后，工作热情自然会被激发，这样，金钱自然而然地就来了。

¤ 找准定位，身价决定你的"薪"情

对于我们工薪族来说，没有人不想得到一份高薪，虽然得到一份高薪会受到很多方面的制约和影响，可是能否得到高薪的最根本因素还是我们自身的身价。如果我们的身价很低，给我们发薪水的也不会给我们过高的薪水，即使他一时糊涂，他还是能够发现并及时纠正自己的失误。而有的人却过低地估计了自己的身价，申请了相对低薪的工作。要知道，只有找准定位，我们才能拿到我们最应该拿到的薪水，可以说，我们的身价决定我们的"薪"情。

郑新涵是一位名牌大学毕业生，因为有学校品牌做后盾，他自我感觉良好，所以在找工作时对自己定位很高，专挑世界500强公司去面试。后来他如愿进入了一家公司，由于他面试的时候表现很好，加上他的名牌学校背景，公司给他提供的底薪是全公司最高的。但是工作一段时间之后，他就觉得公司对他有看法，觉得自己的工作能力达不到老板期待的那样。

果然，一年之后，公司找借口把他的底薪往下调了，甚至还把他下放到基层部门，说是公司有安排他挑大担子的打算，让他到下面锻炼锻炼。但是这个举措很伤他的心，他去跟老板理论。没想到老板只给了他一句话："你还真把自己当成一个人物啊，就你那点能力连现在的薪水都不配。"

郑新涵因为自己是名牌大学的毕业生，对自己的定位过高，以至于在他得到工作之后却没有能力达到自己最初给自己定位的水平。而没有公司愿意倒贴钱去养员工，如果员工不能给公司带来利润，不管这名员工的条件有多好，对公司来说，都没有存在的必要。可以说，郑新涵在工作上遇到的不愉快的事情都是由于他没有找准自己的定位，不理解自己的"薪"情是由自己的身价决定的道理。

其实对于郑新涵这样高估自己的身价、给自己的定位过高的情况还算是比较幸运的事情,毕竟给他的薪水很多,这给他的投资理财提供了更多的本金,而如果他能够在得到这样的机会时抓紧时间提升自己的能力,让自己达到那样高的水平,那么,他就能够一直享受那么高的待遇了。而很多不幸的人却因为胆小谨慎,给自己的定位过低,以至于让能力很高的自己只能拿到很低的薪水。

苏晓彤现在已经是他们公司策划部门的主管了,想起当初进公司的时候,她还是很后悔给自己的定位太低了。

当时她觉得自己刚毕业没多久,是行业的新人,就没有要求过高的工资。但是她进了公司之后,不到两个月时间,她就独立完成了四五个策划。而且他们领导还安排她帮另一个文案的工作,在合作中,她发现那个文案的能力很是不行。她说:"有一次,我们一起做一个楼书,我写后4个部分,她写前4个部分,然后合在一起给客户看,客户看了,说不行,要修改!修改的全部是她写的那部分内容。"然后领导还让苏晓彤来修改那些内容。这样的情况在她们的合作中不止一次出现,问题是,这个文案的工资却比苏晓彤高很多。她当时的心里很是不平衡,自己干那么多的活,成绩几乎都是自己挣出来的,自己反而比别人拿得少。

她说:"所幸当时我挺过来了,一直忍着,过了试用期,我大着胆子要求公司给我提高工资。"由于她在试用期工作成绩很是优秀，公司为了留住人才也答应了她的要求，也就有了现在成为部门主管的她。

从苏晓彤的经历中我们可以看到，如果我们自己都低估了自己的价值，就更不能奢望别人高估我们。给我们发薪水的人，很大程度上是参考了我们对自己的"定价"。所以我们在找工作的时候要评估自己的实力，做出准确的定位，找到合适的企业，发挥自己的专长，如此一来我们的"身价"自然就上去了，到时候还怕薪水不跟着水涨船高吗？还怕没有供我们理财的本金吗？

总之，我们要想拿到高薪，必须给自己定好价。当然，我们的这个价格必须是合理的，如果我们的"成本价"只有10元，而我们却非要把自己"卖"到上万元，那显然是不合理的。

## ¤ 由"I"型人才变为"T"型人才

现实生活中，人与人之间的智力和能力上的差别其实并没有我们想象的那么大，有些事情我们之所以想不到、做不了，很大一部分原因是我们太过专业了。现在，人类已经进入科技、经济和社会快速发展的时期，可以说已经进入了知识经济的时代，要想在这样的时代背景下争取高薪，我们就要将自己由"I"型人才变为"T"型人才。

那么，什么是"I"型人才，什么是"T"型人才呢？所谓的"I"型人才是指在某个专一领域中具有专精技术的人才，也就是一般常说的"专才";而"T"型人才,则是指除了在某专一领域具有专业智能之外,同时对于其他相关领域都有一定了解的人才,也可以说是具有较广泛智能的人才,一般也将这样的人才称为"通才"。字母"T"表示的是他们的知识结构特点。"—"表示有广博的知识面,"I"表示知识的深度。两者的结合,代表既有较深的专业知识,又有广博的知识面。"F"型人才是集深与博于一身的人才,不仅在横向上具备比较广泛的一般性知识修养,而且在纵向的专业知识上具有较深的理解能力和独到见解。

无论是世界500强企业,还是中国500强企业,都是求贤若渴的,但是真正优秀的人才又处于短缺的状态。我们都知道,现在是知识经济的时代,人才的素质要求复合化,既要懂本专业的知识,又要懂得其他方面的知识。如果我们想要成为各个企业公司追逐的热门人才,成为公司重视的人才,就要提高自身知识技能,让自己由"I"型人才转变为"T"型人才。

诺贝尔化学奖获得者兰米·格尔,一生中共获得15个名誉博士学位,并首创了粒子物理、表面化学等新学科,直到70多岁还有科学发明。这样的人我们想让他穷都没有办法。

相反,法国的科贝尔欧洲中子技术中心先前由于缺乏"T"型科技素质,整个研究所的工作处于极不景气的状态。后来从巴黎大学请来了一位年仅39岁的声学教授接任研究所领导职务,他的"交叉型"素质和"巨大的组织才能",很快把这个中子技术中心的研究工作推到世界科学前列。

从上面的材料中我们可以看到,"T"型人才在工作上的能力是非常高的。那么,我们如何让自己由"I"型人才向"T"型人才转变呢？我们要成为"T"型人才,需要在做好自己本职工作的同时,培养自己的创新思维,积极学习新鲜事物,凡事有主见。同时,要有较强的适应性,在做好自己本职工作的基础上,对新事物和新问题等有所研究,能够在短时间内提出操作的方法。

总的来说,我们需要在工作之余不断地补充知识,提高个人能力,但是补充要有针对性,明确自己的职业进一步发展所缺的能力,针对这部分能力去制订有效的学习计划。工薪族最忌赶大潮培训,跟风学习,这样不仅对自身职业发展毫无帮助,还极有可能使职业发展陷入停滞状态,而且又浪费了金钱。

当然,由"I"型人才转变为"T"型人才并不是一蹴而就的事情,我们需要持之以恒。我们可以通过科学的规划和有的放矢的行动来改变自己,在日常的工作和学习中,应努力培养自己各方面的能力,争取实现从"I"型人才到"T"型人才的转变,从而实现"高薪计划"！

第四章
# 工薪族开源更要节流，
# 合理开支靠预算

## ¤ 为何早出晚归却囊中羞涩

很多工薪族每天西装革履，在繁忙的都市中穿梭，在高楼大厦中忙碌，每天早出晚归，但是在年底盘点自己的账户时，里面的钱却少得可怜，有的甚至都没有钱回家过年。为什么我们这样早出晚归地勤劳工作，自己的囊中却是如此羞涩呢？

薛静茹是一家大型外企的资深员工，平日工作繁忙，采购、发货、订机票、收发快递、维修、卫生、安全维护等琐碎事情一律由她负责，而她本人也很热心工作，每天都是早出晚归。她每个月的工资是7000元左右，年终有1万元奖金，公司另配有三险一金。虽然收入不低，而且薛静茹已经工作了三年，但她的存款账户上只有少得可怜的3万元，她既没买房也没买车，那么，她的钱都到哪里去了呢？

原来薛静茹是一个非常爱美的姑娘，身上的服装饰品没有一样不是社会上最新流行的。她每个月除了房租1000元,基本生活费用1500元之外,剩下的钱几乎花在化妆品、服装、娱乐等方面。而一个月7000多元的工资竟让她觉得不够花,以至于总是拼死拼活地干活。

薛静茹虽然每天早出晚归地忙着工作上的事,但是因为自己爱美,又喜欢跟随潮流,每个月辛苦赚来的钱都被她花费在打扮和娱乐上面,一点都没有理财的念头。这样,赚的都不够花的,干得再多,一个月的工资再高,她都不会有存款。

事实上,薛静茹只是现在新兴庞大的"穷忙族"中的典型一员。她的这种情况,在很多的年轻工薪族中,特别是那些单身的工薪族中是普遍存在的现象。他们大多是人生目标不明确,财务状况比较差。即使他们每天辛辛苦苦地、拼死拼活地为了赚钱而工作,但是到头来自己却一分钱都没法存下来,而辛苦赚来的血汗钱莫名其妙地就全都不见了。

有不少人认为,像这样的穷忙族大多是刚刚走出校门的青年人。由于阅历少、经验不足,他们暂时得不到高职位和高薪水,因此不得不在"穷"和"忙"中徘徊。然而,不少拥有高薪和社会地位的"白领阶层"甚至是"金领阶层"也认为自己是"穷忙族"的一员。一项调查结果显示,75%的网友自认是"穷忙族",其中不乏收入适中的工薪阶层,甚至月薪过万的白领。从中我们可以看到,即使收入再高,如果不懂得管理自己的收入,那么仍然没法得到用于"钱生钱"的财富种子。

其实每个人都不想让自己陷入"穷忙"的状态，但是我们总是在不知不觉中就走进了这样一个陷阱：自己轻轻松松就能够找到一份让自己衣食无忧的好差事，既然赚钱如此轻松，自己花一点点也是没有关系的。在买了一张新餐桌之后，却发现自己之前的餐盘和刀具不配套，于是换掉；接下来是长沙发，越看越觉得和优雅别致的餐桌不搭调，于是再换掉；然后没过多久，就又发现自己之前的旧地毯根本就配不上新沙发……就这样循环往复，辛苦赚来的钱就都花在这些东西上面了。

有人说，"穷忙族"产生的原因其实是个人欲望的膨胀。人在没钱的时候买个二手手机就是他最大的心愿，在月薪1500元时就想买个电脑，等到工资3000元时就盘算着买台高档笔记本电脑。薪水增加的同时个人期望也在上升，于是不断地为达成心愿而忙碌、奔波。

这话一点都不假，很多工薪族对管理自己的收入没有一点概念，随着收入的不断增高，欲望也水涨船高，他们早已深陷魔幻世界的梦魇而难以自拔。宙斯惩罚西西弗斯的方式，就是让他不断把巨石推上山，而每当接近山顶，巨石就会滚回山脚。像这样不会管理自己的收入、恣意消费的习惯也让很多工薪族面对着同样残酷的恶性循环。每当债务快还清的时候，他们就会忍不住给自己一点奖励。这就让负债的"西西弗斯"巨石越滚越大，最终把他们推入不见天日的深谷。

我们要学着管理自己的收入，不要让自己总是处在"穷忙族"的队伍中，白白耗尽自己的精力却留不下一点积蓄。

## ¤ 想要致富，就要先学会怎样花钱

对于大多数工薪族来说，钱的含义就等同于工作，有工作就有机会得到钱，没有工作就等于没钱。但是我们也知道，一个人的精力是非常有限的，我们不可能让自己无止境地工作下去，一天24小时，总得休息六七个小时；而且，从事的工作不同，所得到的金钱也就不一样。当然，谁都喜欢从事高回报的工作，但在现实生活中，并不是谁想干什么工作就能够干什么工作的。在种种条件的限制下，我们能够赚到的钱非常有限，而要想利用这有限的工资来致富，那就需要我们先学会怎样花钱。

何心蕾研究生毕业之后就在一家合资企业上班，工资也不错，但是她真的很爱花钱，花钱也没有计划，她每个月的工资都花光，是一个实实在在的月光族。她喜欢逛淘宝，喜欢名牌，喜欢毫无计划地花钱，所有的钱基本花在衣服和电子产品上面，从淘宝上买衣服，一买就是一堆，很多衣服才穿过一次便扔到箱底，有的甚至完全没有穿过。有时她的男朋友也会劝她，不需要的东西就不用买了，可是何心蕾反驳说："我自己挣钱自己花，你没资格教训我。"话虽这样说，但是何心蕾却经常在网上买书，每次都是十几本，几百元，把书寄到她男朋友的单位，货到付款，都由她男朋友埋单。就这样，即使何心蕾已经工作

## 如何控制购买欲

去大卖场采购前，先清点一下家中日用品的储备，在购物清单上列出必须购买的商品和如遇打折可购买的商品。

你看这个购物清单上还需要添加什么吗？一会儿我去超市。

有空时整理一下衣柜，对自己的衣服心中有数，并且按照不同色调、风格做好搭配，这样就不会发生在类似衣物上重复花钱的事。

逛百货商店时记得适合自己的才是最好的，要保持清醒的购物头脑。见到喜欢的衣服、鞋子先别急着掏钱，再逛一圈，确定没有更中意的而自己还是很喜欢，再买也不迟。

了三年,她还是没有一分钱积蓄。

她的男朋友因为家里的生意在2011年破产了,就一直想靠自己工作致富,给父母减轻压力。但是他一年的收入也只有十几万,平时节约一点,年底可以存十万左右。为了挣钱,他经常加班;为了省钱,他有时都舍不得打出租车;但是他致富的目标还是一直难以实现,有时他很苦恼。

从他们身上我们可以看出,即使我们赚再多的钱,如果总是像何心蕾那样无所顾忌地乱花钱,那么我们赚多少钱都是不够花的。

如果在花钱的时候非常爽快,就很容易搭上"月光族"这班快车,到了月中,就得逼迫自己当"石头",哪里也不能去,哪里也动不了,真的逼急了,就开始刷卡,要不就开始跟家人要钱。这样,一旦自己没有了工作,就只能喝西北风了。所以,为了自己的生活不像过山车一样忽高忽低地变换,为了早日走进富人的队伍,我们有必要学会如何花钱。那么,我们应该如何花钱才能有助于我们的致富目标呢?

首先,我们需要养成一种"负责任"的消费习惯。像何心蕾那样买了衣服又不穿的行为,是一种非常浪费金钱又很不负责任的消费行为。而当我们需要买东西的时候,如果看到自己中意的东西售价"仅仅"为10元时,我们也要问问自己,为了赚到这10元,自己是不是愿意到超市去拖地板,或者去捡一毛钱一个的空瓶子。如果答案是否定的,那么我们就不要去买那个东西。

其次，我们需要懂得量入为出，如果我们一个月收入只有2000多元，却花1/4的薪水买了一支口红；如果我们的薪水只有2000多元，却花5000多元买了一台相机。这样的消费必然导致薪水不够花，而且还会让自己背上债务。

其实，如果我们懂得财富来得不容易，也许我们就会懂得珍惜财富，就不会毫无目的地花钱了。然而，生活中的很多工薪族，虽然没有腰缠万贯，更没有富得流油，但是花钱却毫无节制。殊不知，一点一滴的浪费都会演变成一种奢侈、浪费的习惯，纵使有再多的金钱，也抵挡不住无节制地花费。为了让自己的日子更好过一些，为了打造出财富人生，我们都需要学习节制消费、节约日常开支的做法，这样才能让自己的财富之路越走越宽。

## ¤ 比起节约术，削减固定支出才是捷径

我们都明白，工资低就要多节约，控制一些不必要的支出，尽量少花自己赚来的钱。要知道，天下成大事者，必须能够做于细，因为细节往往可以决定事情的成败，它不仅是成功人士的法宝，更是世界万物不断发展的基础。因此，对于工薪族来说，必须从身边的一点一滴做起，养成良好的节俭风格与习惯，只有这样，财富才能涓涓不断地汇成河。

从表面看来，节俭非常简单，就是把一些不必要的支出减掉。其实，比起这些吝啬的节约术，削减固定支出才是最便捷

的方式。说到少花钱,很多人都盯着那些流动的支出,没有人会想到从固定支出入手,只有那些关注细节的人才能够发现。正因为它是"固定"的支出,所以往往被大家所忽略,其实,如果我们从自己的固定支出入手,反而会比那些吝啬的节约术取得的效果更好。

一般来说,我们在生活中支出的内容有两类:第一类是每个月都必须要支出的费用即"固定支出";第二类是根据各月生活情况的变化而支付的资金,为"流动支出"。说到少花钱的时候,大家只会从流动支出的部分入手,几乎所有人都不注意固定支出。一定金额的钱每个月都消失了,可是似乎没人想到削减这部分支出。一旦减少了每个月固定支出部分的金额,在未来也可以固定地减少这部分金额。可以说,只要不削减固定支出,它将永远从我们这里榨取金钱。而流动支出是想尽办法才能勉强降低的支出。杂志上经常刊登的节约术、省钱术,其实都是削减饮食费和电暖费等每月金额都会变动的流动支出。这会受个人能力等因素的影响,未必能获得稳定的效果。所以,如果想少花钱,比起吝啬的节约术,削减固定支出才是捷径。

王立伟在一家贸易公司上班,为了出行方便,他早早就买了辆车,所以他每个月都要为这辆车花不少钱:公司每个月的固定停车租金是380元,自己住的小区地下停车场每个月的租金是270元,加上临时停车费每个月大概150元,只停车一项,他一个月总共需要花800元。另外,每个月给车加油需要1200元,自己住的小区的物业管理费每个月是280元，生活必需的水、电、天然气，每个月需花费400元左右。为了随时关注外界的信息，他办理了宽带网络，每个月的网费是100元，移动通信费每个月是300元左右，还有房租2600元，由于买了一套期房，每个月还要还2900元的房贷。这8580元是王立伟每个月必须支付的费用，而且这些还不包括他的饮食、服装、娱乐等方面的费用。

看看王立伟每个月的固定支出，停车费、加油费、物业管理费、水电天然气费、网费、通信费、房租、房贷，林林总总，一个月就需要支付8580元的费用。这个数字对于广大的工薪族来说是一笔不小的支出。王立伟在那些月入三四千的工薪族中属于有钱人了。但是从节省开支方面来说，王立伟每个月的固定支出，真的就是必需的吗？有没有可以削减的项目，以便给他节省下更多的钱？

先从王立伟的车入手，王立伟买车是为了出行方便，并不是生活的必需品。现在的公共交通非常便捷，公交车、地铁、出租车，如果实在觉得挤公交、挤地铁很难受，他也可以选择坐出租车，这样即使他上下班来回40元，一个月也花不了1200元。看看他因为车所需要支付的费用：公司停车费、小区停车费、临时停车费，还有加油费，加起来就是2000元。所以，如果他把车卖了，选择坐出租车上下班，那么他一个月就可以省下800元；而如果他愿意坐地铁上下班的话，那么一个月就可以节省下1800元了。

再来看看王立伟住的地方，他一个月的房租是2600元，每月物业管理费要280元，总体算来，在住的方面，王立伟一个月总共需要支付2880元。如果他换一个地方租房，找一个没有物业管理费的，月租金八九百元的房子也是可以住的，很多工薪族租的房子一个月只有两三百元，他们一样过得生龙活虎。这样一来，他在住的方面一个月就可以节省2000元左右。加上车的方面节省下来的钱，他一个月的2900元的房贷就有着落了。

从上述分析我们可以看到，由于削减了两项固定支出，每月轻轻松松就可以省下3000元，而如果从那些流动资金里节约，恐怕就不是这么简单了。由此我们知道，想要节约金钱，不妨先看看自己每个月的固定支出，如果可以削减就毫不犹豫地大刀阔斧地削减，轻轻松松节省出大把的金钱。

## ¤ 用长远眼光看待每一项支出

事无巨细，把事情尽可能做到具体、做到细处，这是好事。然而，在理财时就不能总是在小环节中转悠，只盯着眼前的小节省小成效，也不能把理财的最终目标放在"顾好眼前、过好现在"上面。

理财的重点就是要把眼光放长远，多把未来的一些元素考虑进去，不仅要理现在的财，更要"预理"未来的财。如果现在没有打算把未来的财理进去，那么，到了未来我们也将没大财可理、得不到大的收益。名下的资产也永远都只是"顾得住眼前"而已。这是从大的一方面来说，往小了说，我们也需要用长远的眼光看待自己的每一项支出。

高静楠和何木川同在一家设计公司工作，美国的《室内设计》这本月刊杂志被他们奉为经典。虽然价钱高得离谱，仅一本就需要220元，但是他们还是会禁不住诱惑，乖乖地掏钱购买。有一天，来了一个推销杂志的业务员，宣称预订杂志有优惠，刚好也有他们所需的杂志，本来购买一年的杂志需要2640，一次性付款的话，可以便宜240元！一听到这个消息，高静楠就毫不犹豫地掏钱预订了一年的杂志。

何木川虽然也知道一次性预订全年的杂志会打折，一年的支出为2400元。但是，何木川认为这并不是固定支出，考虑到杂志只在想看的时候买，虽然有240元的优惠，何木川也没有觉得便宜多少，所以没有参加这次预订活动。高静楠对此很是不解，认为何木川很不会过日子，一点都不懂得节约生活成本。

我们来看看高静楠和何木川的做法，何木川果真像高静楠所说的那样不懂节约生活成本吗？预订一年的杂志，一次性付款，一下子就可以省下240元，这是明明白白摆在我们面前的事情。这对于那些每期都要买这本杂志的人来说，一次性支付当然是最明智的选择。但是何木川他本人并不是每期都要买的，而是考虑只在想看的时候买。那么，何木川买杂志的支出为"220乘以必要的次数"。即使何木川一年买6本，支出也就是

220×6=1320元。两者相去甚远。从中我们可以看到，一次性预订一年杂志乍一看可能是又方便又省钱，可是，因为连不需要的时候也要支付金钱，对我们来说则是一种浪费。所以，对于这次的支出来说，何木川的决定是非常正确的。

从中我们也可以看出，对于每次的支出，我们都要用长远的眼光去看待，不要只看眼前，而要考虑一年之后，甚至十年之后这笔支出对我们生活的影响。

我们也知道，在进行财富积累的过程中，必须坚持这样一项原则：需要花出去的钱一定不要吝啬，而不需要花的钱一分也不要浪费，这样才可能把我们赚到的钱在"钱生钱"的过程中发挥出最大的效用。而要做到不浪费一分钱，我们就要尽可能地用长远的眼光看待每一项支出，即使是10元钱的支出也不放过。只消费生活必需的"消费"，减少"浪费"，并用这些钱进行投资，坚持下去，我们就会和以前的自己完全不一样。虽然没必要和别人进行比较，但和别人比较的话，差别会很明显。越是坚持下去，越能收获硕果。

## ¤ 把预算放在理财的第一步

"预算"这个词给人的感觉不是很好，因为它很不幸地总被大家看作既乏味又耗时、还要处处限制人的一种东西。无可否认，有很多人不喜欢做预算，尤其是年轻的工薪族；而且预算似乎确实意味着在消费时不得不做的许多重大妥协。然而，尽管一些小小的妥协是无可避免的，预算事实上非但一点也不乏味，还具有根本性的意义。一个精明的预算是迈向理财成功之路的关键性的第一步，没有它，就无法洞悉钱的来源和去路，所以，我们应该把预算放在理财的第一步。

王静燕是一个单身白领，在一家公司当会计，因为职业的习惯，她对自己生活中的资金都会提前做好预算。就拿她的1万元年终奖来说，她拿到这笔钱的时候，并没有像其他同事那样兴高采烈地去商场里买自己心仪已久的衣服、箱包或者笔记本、手机，她拿到这笔钱之后，先细细地做起了预算。正好有个春节长假来临，她就打算把自己的年终奖花掉，而且要花得有意义有价值。

王静燕一直想去云南旅游，她正好可以利用春节长假，用这1万元去云南旅游一次。因为她有一个好朋友在丽江工作，所以她就把目的地定在丽江，这样她可以在好朋友那里借住，以节省住宿的费用。而且因为提前准备，还可以买到比较便宜的机票，所以，她在旅行费和食宿费上安排了3000元，这样她还剩7000元。

因为想要让自己这1万元的年终奖花得有意义，所以她就想在云南找一个失学的儿童帮助他重返校园。为了让孩子各方面的资料都能够备齐，她决定拿出2000元资助他上学，然后在新的一年里，每个学期都资助他的学费，这样，她还剩下5000元。

那么这 5000 元应该怎么安排呢？王静燕在心里还打起了小算盘，云南有那么多有特色的东西，如衣服、饰品，如果她能带些回来，卖给身边的同事和朋友，那么不仅可以旅游，说不定还能小赚一笔。所以，她就决定用 5000 元买具有云南民族特色的衣服和饰品，回来之后可以加至少 20% 的价钱卖出去，这样她至少可以赚 1000 元。

于是，按照预算，王静燕的云南之行过得非常高兴，而她从云南带回来的衣服和饰品很受同事与朋友们的欢迎，有的甚至以高出原价一倍的价格卖出去了，所以她又有了一笔不小的收益。

因为王静燕做了年终奖的预算，所以她的年终奖花得都非常有价值，并没有跟大多数的工薪族一样随随便便就拿去犒赏自己。她用这笔钱圆了自己云南行的梦想，也让自己实现了帮助一位失学儿童返校的美好愿望，更让自己小发了一笔财。可以说她的云南之行，连 3000 元都没花到，多经济实惠啊！如果我们在日常生活中，先做好预算的话，我们也就能够控制好支出消费，让自己的消费更加合理。那么，我们应该如何做预算呢？

想要做好预算，我们可以先计算公共支出、固定支出、季节性支出，再计算平均变动支出，并以此预测每个月或每年的必要支出。通常，一个人的支出水平在短期内不会有大幅度的变化，所以预测支出的计算每年只做一两次就可以了。新的一年开始的时候，要对自己的生活进行预算，有些什么大的目标要完成，如购房、购买大件家具、电器，送孩子上大学，旅行等，这些都需要花费比较大数目的钱。另外，还要考虑储蓄、投资等。

一般来说，工薪族的公共支出部分是已经固定的，每月在发工资之前，这些支出由公司按政府规定的比率代扣，所以很容易预测每个月支出多少。我们工薪族不用费心进行这部分的预算。固定支出指的是每月（或定期）必须在指定的日子交纳的费用，这个费用基本没有什么变化，所以也很容易预测每月的支出是多少。而在日常生活中，变动比较大的支出是我们的日常饮食、偶尔外出吃饭的费用、服装费、交通费、娱乐费用等。这些主要用于生活费的支出，和公共支出或固定支出不同，根据每月的开销情况，变化的幅度会大一些。因此，根据个人的消费倾向或生活环境可以很容易预测每月所需的支出是多少。换句话说，这项支出可以根据个人的意志稍做调整。

有了这个预算，也就可以控制我们的冲动性的即兴购物，不让自己陷入不自觉的消费扩张，甚至可以避免进一步动用循环利息。有了预算，不但可以因此而得到满足感，更可以证明自己能持之以恒地储蓄而获得成就感，逐渐摆脱"月光族"的命运，为未来的人生计划多做些储备。

## ¤ "花在哪儿"比"花了多少"更重要

有些工薪族虽然也是每个月都做自己个人的财务预算，但是他们只是囫囵吞枣，仅仅计划自己接下来的一个月能够花多少钱,并没有细化到自己哪方面可以花多少钱,这样的预算常常会让他们超支。其实,不管是在预算的过程中还是在实施的过程中,"花在哪儿"远远要比"花了多少"重要得多。

　　预算一般包括固定开支和非固定开支两部分。固定开支即日常生活中必需的、数目基本不变、无法省略的费用,主要包括每月还贷、饮食、水电、煤气、电话(手机)、上网、有线电视等费用;非固定开支是弹性比较大、可多可少的支出项目,如服装、生活日用品、理发美容、医疗药品、娱乐休闲及人情消费等。而如果我们在做预算的时候就分门别类地来计划,那么就可以引导我们在生活中的各个方面的比重,就能够搞清楚钱应该花在哪些方面。

　　参加工作之后,洋洋每月的生活费比上学时翻了一番,而且这些钱都是自己赚来的,可是一到月尾她总要打电话向家里要钱。她爸爸问她把钱花在哪儿了,她总是说不出个所以然来,反正钱就是这样不知不觉地全没了,要让她具体说出那些钱都花在什么地方,确实是非常困难的事情。平时逛逛商场,看到那些时髦的衣服、最新的电子产品,不买又觉得可惜,钱就不知不觉花出去了。每当被爸爸逼问的时候,她也觉得非常苦恼,也尝试努力改掉这些坏习惯,但是效果一直不大。

　　如果洋洋能够在每个月拿到工资之后,就分门别类地做一个花钱的计划,先做好自己的节流预算,这样她花钱的时候,就能够把自己花的每一笔钱归到自己预算中的各种类型中。这样,即使超支向家里要钱的时候,被爸爸问起"钱都花在哪儿"的问题的时候,她也能够做到心知肚明。

其实,很多时候我们在掏钱时,可以先问问自己这些钱是花在什么地方的,甚至让自己区别一下这钱是消费,还是浪费,抑或是投资。这样做对我们的节流是非常有好处的,当我们这样问自己的时候,当我们归类为浪费的时候,我们就会思考这笔钱是不是应该花,能不能不花?也许,在刚开始时我们不能立即做出判断。但是如果我们在做预算的时候,就分门别类地进行计划,那么经过一段时间之后,我们就能够条件反射般地立即知道自己支付的款项属于哪一类。这是一个重要的习惯,它可以让大脑和身体都牢记金钱的作用和使用方法。

要想让自己随时都清楚自己在什么项目上消费,最好是将自己的花销都变成可视化的效果,这就需要动用到我们前面介绍的记账了。在把握金钱的流向和收支方面,记账非常有效果。而且,我们要非常重视支出这一栏,尽量把这一栏按照预算的分类来细化,然后把各个项目归入"消费""浪费"和"投资"这三个范畴中。每掏出一笔钱我们就按部就班地记录下来,这样,我们自己的钱到底都花在什么地方,自己也就能够一目了然,清清楚楚了。

当然,我们并不需要为了记账而花高价购买那些设计精美的记账本,我们可以自己做个记账本,可以在电脑中直接用Excel来做,或者用自己的手机一笔一笔地记下来。其实,现在

# 学会理智消费,走出消费误区

在五花八门的市场中,商家费尽心机,诱惑消费者。做一个聪明的消费者,不当"冤大头",要抛开三种消费心理。

买那么多,又超计划了!

### 不可冲动消费

在消费中,大家很容易陷入随意消费状态,这常常会引起"冲动性消费"。在消费中,要多一些理智,多一些计划,别在商家的诱导下冲动消费。

### 不可从众消费

"从众心理"是大家都容易犯的通病。我们在买东西时要做到个性消费,不从众,不趋时,冷静对待。

这么多人买啊,等等我,我也买!

5折

### 不可盲目消费

消费者的消费常常误入盲目性。在消费中,要做到不盲目轻信"打折",不盲目轻信广告,该出手时再出手,自然会买到物有所值的商品。

市场上有很多记账软件是可以在手机中使用的，而且可以编辑其中的类别，这样我们想分为几个类别就分为几个类别，而用手机记账既可以省去购买记账本的资金，也方便使用。

比起小气地节约1元的支出，不如更注意金钱的流向及运用模式。应重视的不是支出的金额，而是各类支出在支出总计中的比例。想让自己的生活变得更美好，唯一的方法就是持续，每个月都有意识地努力去改变。

## ¤ 根据财务目标和财务现状设定财务预算

作为工薪族，我们都知道每个企业在运作之前都会有成本核算，其实我们自己的理财也是一样，也需要提前做好预算。只有运筹帷幄，是亏是盈心中才能有底。算了用与用了算的结果完全不一样，用了再来算的结果往往是超支，破坏平衡；算了再用的结果就有可能使资金得到合理安排，收支平衡，统筹兼顾。所以我们一定要养成提前做预算的习惯。

王景阳刚参加工作没多久，但是他在大学期间就交了一个女朋友，他们原本打算一毕业就举办婚礼的，可是由于女方家长的要求，必须要有房子才能够结婚。所以，王景阳并不像那些刚参加工作的年轻人大手大脚地花钱，他为了买房，从一开始工作就走上了理财之路。

王景阳每个月的工资是4500元，为了更好地分配收入，提高资金运用效率，王景阳每个月都会提前做好预算。他在领到工资后将其分成几个部分，首先是强制储蓄的3000元雷打不动，其余的根据不同需要分成大小不等的几笔款项。一日三餐支出700元单列，50元作为送女朋友礼物的资金预存，上下班交通支出120元，电话网络费用400元，230元作为机动费用，可用于带女朋友游玩的费用，也可以作为剩余款项转入下个月。

因为有了这个预算，同时王景阳也是个自控能力非常强的人，工作一年之后，他就以首付4万元贷款买了一套房子，之后就开始努力攒结婚的费用了。

从上面的例子我们可以看到，买房结婚的这个目标，促使王景阳在每个月领到工资时都要做好自己的财务预算，而这份财务预算也让他如愿在工作一年之后就买到了自己的房子，为自己的婚礼提供了一个前提条件，让自己向美好的生活迈出了非常重要的一步。这让我们更加清楚地体会到提前做好财务预算是多么重要。那么，我们该如何来制定自己的财务预算呢？我们可以根据自己的财务目标和财务现状来制定自己的预算。

王景阳为了能够尽快买房子，他每个月强制自己储蓄3000元。我们每个人都有一些生活愿景，都有自己想要实现的生活目标。我们可以看看要实现的生活目标需要多少钱，这些钱的数目就是我们的财务目标。有了这个财务目标，我们就可以根据自己的财务现状来安排每个月的工资了。

而要了解自己的财务现状，就要算清自己的可支配的稳定收入。作为工薪族，大部分人都是按月拿薪水的，这样我们就很清楚自己的财务现状如何。如果自己的月工资拿得多，我们就可以考虑多存一点钱或者是多拿出一些钱去投资，让自己可以更早一点实现自己的生活目标。而如果我们不是按月拿薪水，可以考虑将自己全年预计收入除以12，再根据这个数额来做财务预算。

不过，生活中总会有一些意想不到的事情发生，万一生一场病就有可能把我们所有的预算都打乱，所以在我们的预算中还必须设置一个紧急备用基金，以备不时之需。另外，还要有专款预算，如孩子的教育预算、购买房子的预算。总之，在做预算的时候，根据自己的财务目标和财务现状来设定，还要考虑到生活中方方面面的问题，不要过于理想化。

第五章

# 学会用钱追钱，
# 才能坐享"高薪"

¤ 增加闲置的钱，你的收入就上去了

有人说过，收入像一条小河，财富是一个水库，花出去的钱就是流出去的水。如果流出去的水比流进的水速度快，那么水库里的财富慢慢就会流干。所以，为了防止自己的金库出现入不敷出的现象，工薪族必须学会通过开源不断增加金库中的闲置资金。

工薪族理财资金的来源，不能单凭节省，一味节省只能让人觉得生活乏味。节衣缩食不仅降低了生活的质量，更违背了理财的原则。在合理节省的基础上，工薪族还要通过工作和其他途径来增加每月闲置的钱。收入多了，用于理财的钱也就多了，所以，工薪族的开源很重要。工薪族理财想跑赢通胀增加个人收入，开源节流的资产合理配备是十分必要的。

曲梦华和先生已结婚两年，曲梦华中文系毕业后从事文员工作，每月工资2000元，先生从事会计工作，每月工资4000元，夫妻俩的工作都比较轻松，闲暇时间多，常常不知怎么安排。两人目前有一套自住的商品房，没有小孩，每月吃饭、交通、通信等费用需开销3000元，若再添置衣物等，工资基本就月光了。夫妇俩打算两年后生小孩，预计孩子出生需要花费一大笔钱。

曲梦华夫妇目前的状况，在开销支出上没有太多浪费，主要是收入来源少，如果能够想办法开拓收入渠道，他们就不用愁生孩子的问题了。

曲梦华是学中文的，平时可以多阅读一些书籍，加强自己的写作功底，可以尝试投稿，一旦稿子被采用，就有了新的收入渠道。曲梦华的先生本身是做会计的，也可以在工作之余兼职一些公司企业的会计工作，以拓宽收入来源。这样，夫妇俩都有了额外的兼职工作，不仅能充实自己的业余生活，还能解决收入低的问题，一举两得。

在理财中，如果只关注如何节流，让自己的生活处处以省钱为目的，就违背了理财的初衷，理财并不是要敛财，而是要通过合理规划，花该花的钱，让自己的生活更有质量。一味节流而不注重如何拓宽收入的源头，理财就会理得比较辛苦，因此，节流的同时要不忘开源，增加自己的收入才是理财的首要保证。

在不影响本职工作的前提下，业余兼职从事第二职业并非不可行。在不少人的观念里，兼职收入较低，但兼职的收入超过本职收入的也大有人在，甚至为兼职辞去本职工作的也不在少数。有调查显示，部分小时工就业门槛低，工作形式灵活自由，是现今不少兼职人士的主要选择；而一些专业技术要求较强的兼职往往能获取不菲的业余收入，有些职位月收入甚至能过万元。

如此看来，工薪族要想通过自己的努力增加闲置的钱并不是一件难事。

不管牛市还是熊市，投资是不变的话题。当前，虽然房价的过快上涨使得房产投资价值变小，但理财市场眼花缭乱的投资品种依然可以满足工薪族财富稳健增值的理财需求。

当工薪族有了一些积蓄后，就可以拿出一部分"闲钱"来投资了。不要小看投资的意义，投资能让你在40岁时实现创富。因为我们走过青春以后，无论是体力还是精力都无法和那些初涉社会的年轻人抗衡，这时候我们拥有的只是时间赠予的经验，这些已经足够了。拥有经验和适当的智慧，工薪族就可以通过投资而获取收益了。

## ¤ 投资，可以从"小"开始

俗语说得好："能省就是会赚。"也就是说，原本可能被花掉的钱，却因为你能聪明地"戒急用忍"，不但能省下钱，创造

"死薪水"以外的多余收入,甚至还能创造"增值"的效果。

也许作为工薪族的你工作并不稳定,每个月可能只有两三千元的收入,因此自己会怀疑"我还有资格理财吗"。其实,钱多钱少无所谓,重要的是要有一颗理财的心。作为工薪族的你下定决心理财,就迈出了成功的第一步。因为,投资本来就可以从"小"开始。

很多工薪族在生活中会觉得1%微不足道,但富翁们从来不会漠视这种差异。6000元,1%的利息仅仅60元,但如果把本金追加到600万,1%的利息就有6万元。正因为重视这种细微的差异,所以他们才能够成为富翁。

钱越少,越应该下定决心理财。如果你每个月都能用心聪明地省钱,每次省出1%,并把钱努力用在对的地方,不但有可能不让家庭开支出现负数,还有可能创造额外收入。尤其,现在的物价上涨幅度惊人,如果工薪族还只是把钱乖乖地定存,钱一定会越来越少,唯有通过持续不断地理财,手上的资金跟随国际趋势上扬,才能不使钱越存越少。

很多人说:"物价不停上涨,我的薪水光是应付开销都不够用了,小钱要从哪里来呢?"

其实常常看到一些工薪族在生活中浪费消费,比如和朋友一见面就要吃大餐,一餐就是好几百块钱,吃完饭肚子又撑得不得了,剩菜也不好意思打包,饭后再来点红酒饮料或者直奔KTV继续消费。浪费过后,也并未觉得健康快乐——一些工薪族花钱崔晶锐现在正处于单身阶段,是经济独立后到成家前这一阶段的关键时期。一般来说,他的收入会比较快速地增长,到后期可能逐渐趋于稳定。但在这个阶段,一般单身白领都有结婚、购房、购车等压力存在,需要为此进行资金准备。在理财方面,重点是日常预算、债务管理以及面临的人生目标。和多数事业初期的年轻人一样,崔晶锐的流动资产比例很高,暂时没有负债,财务自由度较低,表面上看似乎并没有多少"财"可理,但对短期资金规划仍然迫在眉睫。如果以现有工作收入来计算,崔晶锐每年可以结余约3万元,因为没有负债,这样的条件对于才工作一年的年轻人来说算是不错了。

崔晶锐的资产主要是现有的存款。限制消费、扩大投资就是为像崔晶锐这样的"80后"量身定做的投资原则。理财师建议崔晶锐把当前资金和盈余的资金用于投资,具体的投资产品可以简单分为两个部分:保本类和收益类。理财师建议崔晶锐留存1.8万元,可以选择半年期定期存款或投资货币型基金。

不同年龄的客户,身处不同的生命周期,其理财目标和需求也是不同的。目前,不少工薪族都选择多个投资工具进行理财投资活动。

面对琳琅满目的投资工具,工薪族最重要的是要了解投资工具的特性,还有投资工具的风险与报酬,才能知道怎么合理出价,怎么把握进出时间,才能确保投资一定稳赚,毕竟,没有人想要白忙一场!

久，但这笔省下来的钱可以有非常多的用途。关键是，这些钱是"省"下来的，可以把省下来的钱用在补充家庭成员的保险计划上，用于家庭成员罹患重大疾病的支出，避免因为意外事故而导致家庭陷于贫困。也可以选择联名共保的保险商品，将每月家庭收入的800元，用400元为小孩存教育储蓄，再存400元的基金定期定额投资；基金定投可以选择指数型基金进行定投。

工薪族理财应该从大处着眼，从小处入手。谁说"小钱"无大用呢？

## ¤ 投资工具不必多，做对就灵

投资理财工具也就是通常所说的理财产品。一般来说，狭义的投资工具专指银行面向公众发行的理财产品。这类产品的特点是：有一定的投资起点，单笔一般不低于5万元；期限灵活，短则数天，长则1~2年；收益稳定，大多数有相对稳定的收益率且远高于同期存款利率；风险相对较低，不少投资工具是保本、保收益的。从广义上讲，储蓄、保险、证券、基金、外汇等都是投资工具的范畴。

崔晶锐5年前考取南京某知名大学金融专业，本科毕业后在南京工作一年。目前的工作每月税后约5000元，房租1000元，日常开销约在2000元。工作一年下来，崔晶锐只有1.5万元的活期存款，其中包含年终奖1万元。

陈哲君，从事通信行业，月收入5000元，年终奖2万元；陈太太从事金融行业，月收入4000元，年终奖1万元左右。

家庭资产负债情况：房产两套，一套在市区，100平方米左右，目前市价80万元，房贷余额20万元，贷款剩余期限5年，月供3821元，已入住作为新房；一套在市郊，150平方米左右，市价75万元，房贷余额35万元，贷款剩余期限15年，月供2861元，去年年底刚交房，现空置；自备车一辆，折旧后市值10万元，车贷余额3万元，贷款剩余期限2年，月供1326元；另有活期存款1万元左右。

陈先生和妻子虽然工作和收入相对稳定，但是月度收支几乎相抵，年度盈余除去夫妻二人的年终奖，只有1.2万元，这对于家庭资产净值的提升十分不利。

像陈先生这样的蜗牛族，为了拥有自己的房子，不惜节衣缩食或者背负长期房屋贷款，实际上这在无形之中也影响了家庭的生活质量。由于缺少对个人健康的投资保障，一旦陈先生或妻子的身体出现状况，陈先生家必然面临巨大震荡。

可见，越穷越需要理财。是否愿意投资，是否善于理财，结果截然不同。看懂几本股票分析的书很容易，看懂几本个人理财书也不难，分析得头头是道却在投资中赔钱的比比皆是。在踏入投资市场的时候，工薪族要反复告诫自己：戒贪勿躁，赚了就跑。投资市场中的钱只有落入自己的口袋，才是自己的。所以，工薪族在看到别人因账户大红变大紫而沾沾自喜时要不护，赔上的不只是毕生积蓄，还有更珍贵的健康。

投资高收益品种时一定要有承受高风险的能力，否则容易打乱家庭理财计划。像王阿姨这样一病倒，不仅会给家庭增加很大一部分医疗开支、增加儿女的生活负担，还会直接影响到她和老伴未来的养老生活。

曾经有人对50岁左右的临退休工薪族做过一个调查，其中有投资理财想法的占六成，有三成人已经购买了国债、股票、基金等理财产品。问及购买理财产品的初衷，四成人想让资产增值，希望帮儿女多攒钱。其余老人的心态是：能抵御通货膨胀，希望今后生病时不为儿女添负担，多攒点钱跟老伴安享晚年生活。但是实际上，一旦投资理财不当，就会给工薪族家庭造成不小的打击。

投资理财是有风险的，其中最大的风险是不确定性。经济的起起落落，宏观政策的收收放放，外围形势的风云变幻，造成理财局势的千变万化。

在做任何投资以前，工薪族都必须考虑清楚自己是否输得起，而不是去考虑如果赢了会怎样，输不起的事情我们最好别做！而考虑输的范围时我们也不要只考虑钱财方面，作为半个商人，有些东西我们永远都输不起，包括我们的爱人、我们的家人、我们的"江湖地位"，甚至我们的信誉，所以我们必须在做具有风险的投资之前全面考虑清楚我们究竟输得起还是输不起。如果输得起，就义无反顾地去做。

精疲力竭,而从空中摔下来。

## ¤ 赢得起输不起的投资最好不要做

任何事情都有风险,有些事情我们承担得起失败的风险,而有些事情,我们无法承受失败的压力。

投资市场就像一把双刃剑,用得好的人成为世人的偶像,用得不好的人小则损失金钱,大则倾家荡产,市场就是这样残酷,没有一点温情可言。工薪族理财,大多数"赢得起输不起",能够承受的损失有限,因此,必须把控制风险放在第一位,切忌盲目跟风。在一笔钱投入理财之前,先不要想能赚多少钱,而要看清风险有多大。

这些年来,越来越多的临退休工薪族开始念叨着"钱越来越不值钱了",纷纷动了理财的心思。

已经到了退休的年龄,王阿姨响应周围姐妹的号召,开始了自己的理财计划。她把之前的旧房子卖了,加上养老的积蓄,拿出了近100万元,买了黄金、基金、股票,在对投资知识完全不了解的状态下,开始了自己的晚年理财生活。投资赔了十多万元,加上老伴总是叨咕"房子不买就涨了",她的血压就像股市一样,起起伏伏,最后因冠心病发作住院了。

临退休的工薪族一般已经年龄偏大,是一个抗风险能力较弱的投资群体,像拎着一篮鸡蛋挤上公交车,如果没有相应防多国家股市的收益率尚达不到这样的水平。其实年复合收益率 10% 已经是一个很好的回报，这与连续两年赚 10%，第三年赔 8% 的意义完全不同，年均 10% 的复合增长，大约 7 年本金就翻番了。但如果投资者并不满意这个 10%，而偏要追求那 30%～40% 的收益率，风险无疑就被人为地放大了。

投资就意味着风险，因此工薪族必须学会如何放弃最高收益，同时也可避免最大的市场风险。投资人的目标是获得市场平均收益。由于大部分投资人不够专业，获得市场平均收益已非常不易，假如投资基金应该设定一个目标收益，一旦达到目标应坚决赎回。

在投资理财领域，有那么一小部分人，他们心态平和，看起来不常出手，空闲时间多用来阅读、思考、运动和修身养性，就连电脑中的股票软件也很少看。他们不知 K 线中各种所谓的组合，也很少关注各种细枝末节，似乎只是关心一些与投资理财无关的国家大事和生活中的闲情逸致，但长期下来，这些人却取得了超越"勤劳"的那群人的收益。这部分人才是真正掌握理财真谛的人。

人做任何事固然都需要有理想、有目标。但是，如果眼睛里只有盈利目标，就会迷失自我，就会忽视自身的具体情况和素质，忽视自己的优点和缺点，从而无法做到扬长避短、趋利避害。给自己定下违背市场规律的过高盈利目标，就像是给得冠军的信鸽戴上沉甸甸的金牌，信鸽迟早会因为被金牌拖累得

## 如何让投资真正融入你的生活

**经常学习有关投资的知识**

如经济学的一些基础知识、进行财务分析及技术分析时所需要的基础知识等,这样有利于自己选择投资方式。

**找准自己的投资定位**

要根据具体情况,明确适合自己的定位投资策略及投资方法,采取适合的投资策略及投资方法。

**有一套系统的投资方法**

系统的投资体系包括一系列明确而具体的决策规则。比如,投资品种的选择搭配,投资时点的选择等。

**具有良好的心理素质**

优良的心理品质是投资成功的关键。要在实践中不断地自我反省,控制自我的消极影响,勇敢而乐观地面对现状。

元，22天下来，能挣这么多利润。

理财师见到景戴琳之后，及时纠正了她的"发财之道"，4.2%是年化收益率，正确的收益是46200/360=128元。128元！她一听蔫了：收益太低了，离她的理财目标相差甚远，她决定放弃理财。

财富积累不能一口吃个胖子，很多像景戴琳这样的工薪族抱着高收益的目标来理财，发现收益率不像想象的那么高，扭头放弃了理财。殊不知，高收益背后必定存在高风险。

喜欢制定较高收益目标的投资者大致有两类人，一类是新投资者，进入市场的时间不长，对投资理财的收益充满不切实际的幻想；另一类是在牛市行情中已经获取了一定利润的投资者，他们会因为暂时所取得的成绩而沾沾自喜，并制定出种种好高骛远的盈利目标。

高收益目标只是投资者的理想追求，它对实际的投资决策没有多少作用，而且过高的盈利目标往往会给投资者带来一定心理压力，束缚投资水平的正常发挥。特别是在股市由牛转熊时，死抱着盈利目标不放的投资者，将很容易被不断变化的市场所套牢。

就算是投资收益相当高的股票要达到10%以上的平均收益率都不是一件简单的事情。分析美国近百年的股票数据，美国股市的年均复合收益率仅有10%左右。要知道这是一个市场制度最完备、经济最为发达、自然灾害相对较少的国度数据，很产品的选择,要根据自己的风险厌恶程度和资金实力进行。这样,可以避免在一种投资产品发生风险时,造成全部投资失利。多种投资产品的组合配置,可以分散投资风险,多渠道获取收益。

## ¤ 以平均收益为目标:不要试图大赚特赚

"如果每年没有获得30%~40%的收益,我进行理财干啥?"不少进行投资理财的工薪族都或多或少存在以上的想法。他们认为,进行投资理财无非就是为了获得一个好的收益,在决定加入投资理财大军之前就已经给自己制定了一个不小的收益目标,而这一点潜藏了很大的风险。

景戴琳在一家事业单位上班,是个典型的月光族,每个月发了工资不是出去逛街,就是和朋友一起享受美食。工作几年下来,没剩下多少钱。最近,在"全民理财"热潮带动下,她也决定理理财。

"我最近一直在关注理财信息,终于发现一条发财之道,不知是否可行,需要向你咨询一下。"上个星期,景戴琳兴奋地向理财师打电话询问。原来,景戴琳最近从报纸上发现某银行正在发售一款短期理财产品信息:22天,年化收益率4.2%!而且还保本金!景戴琳一算这还了得:发财了!如果以这款理财产品最低起始购买金额5万元计算:50000×22×4.2%=46200

2. 做好备用资金的准备

预留备用资金就是要预留一部分应急资金，以防不测。如果在没有备用资金的情况下投资，万一发生意想不到的事情而需要支出一大笔钱，就会影响投资计划。

3. 坚持长期投资为主的计划

长期投资就是要不断地复利投资。理财的最终目的是成为富翁，而想成为富翁一定要不断地复利投资。控制好支出、预留备用资金，都是为了能够成功地长期投资，最终成为富翁。

从中长期来看，上市公司整体业绩的高增长、通胀背景下的老百姓理财愿望强烈，以及人民币升值背景下的流动性过剩，只要这几项因素不发生逆转，股市的长期趋势不会改变。因此，对投资者而言，可以考虑选择购买一些过往业绩优良、运作稳健的平衡型基金。

如果用更简单的语言概括"3阶段理财法"，就是"储蓄、预留、再投资"。如果深刻理解并切实实践这个简单的原则，对理财十分有益。

一般人认为能够保本的银行定期存款、零存整取存款等属于"储蓄"，而有风险的股票、基金等属于"投资"。本书中所讲的"储蓄"是指收入中减去支出后剩下的钱，即不区分定期存款、零存整取存款、股票、基金、房地产等，凡能够带来财富的投资行为都定义为"投资"。

让我们的理财篮子拥有三种以上的投资产品，当然，投资保证资金安全的前提下，合理有效地分配资金使用范围，也就是要做好合理安全的投资组合，在实行稳定投资的同时做好理财风险防御。

真正的投资策略，应该能够做到进可攻、退可守。只要有稳定的防守力量，再大的金融风浪都能应付自如。只要抓住一次机会，就能够赚取大量的利润。在理财金字塔中，用于防守的资金应该是最多的，其他的资金比例应逐渐减小，用于激战的资金应该最小。金字塔的底部最开阔，顶最尖，其要说明的就是安排理财防守最重要，然后才能进攻激战。

掌握好防御和稳健的理财方法是工薪族走向成功理财的重要一步。

货币政策"稳"字不变，那么对于工薪族的投资理财而言，也需要"稳"字当头，保持资金流动性、安全性，同时注重风险控制，切勿盲目追求收益率。在股市、楼市、收藏品等众多市场表现不尽如人意的同时，银行理财产品凭借其稳健的收益率赢得投资者的青睐。

在进行防御型和稳健型投资时，工薪族可以在以下三个方面有所侧重：

1. 在开源基础上控制好支出

控制好支出就是要分清楚必要的支出和不必要的支出，以免浪费。这并不是说要无条件地节省、不花钱，而是要养成每月定额消费的习惯，这对充分储蓄有很大帮助。

也是同样的道理。如果把投资比喻成攻击，那你应该在充分做好防御后再攻击。如果一开始就派小兵攻击，只会增加失败的概率。

考虑到目前的市场发展状况以及存在的调控压力，工薪族最好采用防御型和稳健型投资相结合的投资策略。

辛国强，35岁，某著名杂志社主编，年薪20万元，每年还有一些不确定的分红及奖金，大约10万元。爱人在一家公司任中级主管，年薪5万元。辛国强的目标是在当前市场不好的环境中安全投资。辛国强的日常应酬较多，花销较大，想利用保险公司产品强制储蓄功能存住钱，并补充养老金，抵御通货膨胀。

辛国强夫妻双方均有社保，房贷已还清，无任何负债，无赡养老人压力，每月开销5000元左右，活期存款30万元，投资股票15万元，严重套牢。商业保险购买了养老金保险，年缴14000元，退休时每月可领2000元，已有商业重大疾病保险，保额10万元，年缴4000元。

辛国强已有比较明确的投资意识和储蓄观念，家庭资产优良，且无任何不良负债。但从家庭财务规划的安全性、长远性及全面性等角度来看，辛国强家在目前的经济环境下，无法抵御货币贬值带来的压力。理财师建议分散、分阶段投资货币市场基金、国债3~5年期产品及商业保险公司保底分红型产品。

以辛国强为代表的工薪族家庭的理财核心要点，就是要在知识。

此外，在进行投资理财工具的选择时，工薪族需要了解自己到底属于哪种类型的人，一般分为：保守型、稳健型、温和激进型和激进型四种。

一般保守型投资本金无风险，可以选择货币基金、国债、银行等理财产品组合。稳健型的投资风险低，可以选择货币基金、企业债券或者债券型基金、银行理财产品等组合。温和激进型的投资风险中等，可以选择股票型基金、企业债券或债券型基金、指数基金、股票、黄金等。激进型投资的风险较高，可以选择股票型基金、指数基金、股票、外汇、期货等。

在投资时，工薪族要根据自己的资金实力、风险承受能力、专业知识和技能，选择适合自己的投资理财工具组合，这样才能做到越理越有财。如果你对股票很在行，能够承受股市的大起大落，那请继续投资股票，你会赚得比较快；如果你有很多钱，但是一点风吹草动，就让你呼吸困难、心跳加速，那就放定存吧，毕竟心脏功能健全才能活得比较久。若风险超出自己所能承受的范围，则可能影响到自己的生活。

## ¤ "防御"和"稳健"是工薪族投资的关键词

大家下过象棋吗？象棋高手绝对不会一开始就发起攻击，而是先做好防御准备，铺好路后再开始全面出击。其实，理财从具体的从投资方向来看，工薪族的投资工具可以分为以下几类：

1. 股权投资类

主要投资于企业股权如股票、偏股型基金、阳光私募基金等，特点是市场波动较大，收益高，适合追求高收益和有较高风险承受能力的积极型和平衡型投资者。

2. 债券类

包括国债、金融债等，特点是风险较低，收益比较固定，适合追求一定收益、风险承受能力较低的稳健投资者。

3. 信托类

这类产品一般期限固定，收益相对较高，风险相对较小，适合追求高收益、有一定风险承受能力的平衡型投资者。

4. 货币类

如货币型基金、银行理财产品。这类产品风险极低，收益较为稳定，非常适合厌恶风险的保守型投资者。

5. 商品类

如黄金、白银等贵金属。它们具有较强的抗通胀功能，但同样承担不同周期带来的波动风险。

6. 金融衍生品

它是指以传统金融产品为基础，以杠杆性的信用交易为特征的金融产品，如期货、期权等。由于这类产品具有杠杆作用，可以成倍地放大收益和风险，因此，投资者需要有较强的专业羡不嫉，始终按照自己当初定的原则操作，即便不赚钱但是也不会亏钱太多。

## ¤ 管理"错误的投资"

意识到如何避免犯错常常是投资取得成功的重要一步。重复地犯一个或常犯数个错误的投资者最大的敌人正是他们自己。尤为可怕的是，即使看起来很简单的错误也有可能对整体的投资回报造成非常大的影响。

宋平，外企职员，月收入4500元。虽然每个月的工资并不是很多，但是宋平已经成为同事当中的"理财教父"——依靠自己十几年的理财，宋平已经买到了自己的房子，并且把儿子出国读书的花销都已经备好。

在闲聊当中，宋平和同事们说，自己在开始投资理财的前几年也栽过很多跟头，犯过不少错误。例如，一开始他也只是把钱都放在银行里生利息，认为这种做法最安全且没有风险。最后发现自己只是在走极端保守的理财路线，或是说完全没有理财观念。此外，在和老婆结婚之前，他总是月头领薪水时，钱就像过节似的大肆花，月尾时再苦哈哈地一边缩衣节食，一边盼望下个月的领薪日快点到。

在真正开始理财时，宋平才意识到当初的自己是多么可笑和无知，所以，他现在一有时间就来解答同事们关于理财的问题，他希望通过自己的经验帮助他们减少理财过程中的错误。

投资理财没有想象中那么简单，要能够像宋平这样算得上是一个擅长投资的工薪族，就必须管理"错误的投资"。对于年轻的工薪族来讲，在学习做功课的同时，还需要管理好自己的投资，尽量避免在投资中犯这样或者那样的错误。

错误一：投资思想过于保守。

较长的投资周期使工薪族可以承担更大的风险，从而有机会获得更大的回报。如果观察过去三年中市场上表现最好的投资品种，投资者可能会倾向于选择国债，甚至是定期存款，作为自己的投资对象。

从风险角度考虑，这样的选择并没有错，但是如果希望能够在风险和收益之间取得平衡，增加权益类资产的配置，比如股票，最终的效果可能会更好。适当的股票配置可以使资产的购买力不至于明显下降。

错误二：投资中支付过多费用。

最容易影响工薪族长期回报的重要因素之一就是在投资过程中支付的费用。

如果用一小笔钱买卖股票，由于券商一般都有单笔交易最低佣金的规定，工薪族可能会为此支付占总投资额比例非常高的手续费。而买入那些费用非常高的基金也是如此，基金的管理费一般从基金的总资产中按比例提取，直接影响基金的回报，费用越高，影响越大。

不过，如果有费用率低的基金或者股票可供选择，工薪族还是可以优先考虑。

错误三：投资过程忽视风险。

很多工薪族在关注回报的时候，往往会忽视风险。一些工薪族很容易被一些允诺回报非常高的投资产品所吸引。短期内某些品种确实可以取得非常好的回报，有些人也喜欢吹嘘自己曾经在一两笔投资上获得的惊人回报，但是惊人回报通常都是难以持续的，而且当市场下跌的时候，这些投资可能下跌得更快。

波动大并不是说市场不适合投资，恰恰相反，由于成长空间较大，工薪族可以适当配置此类资产，无论是通过共同基金还是指数基金。

错误四：根据报纸标题进行投资。

因为报纸或者其他媒体的信息宣传，工薪族很容易陷入热门资产、热门行业和热门股票的圈套。与自己选择时机买卖热门主题的股票相比，把资金交给更善于此道的基金经理效果会更好。

错误五：在错误的时间止损离场。

工薪族最容易犯的错误是在错误的时间进行买卖，无论是高位买进还是低位卖出。人类的本能促使投资人在市场好的时候高位买入，在市场差的时候低位卖出，但是这种行为会严重影响投资人的长期回报。

当看到大部分工薪族的实际回报落后于基金的总回报时，

就可以显出长期投资的重要性,尤其当股市表现很差、很多人考虑赎回的时候,更需要坚持。坚定的长期投资者可以充分享受完整市场周期带来的回报。

工薪族需要在投资理财中学会管理自己的错误:在投资中避免错误的发生,以及在错误发生后分析错误、避免错误二次出现。工薪族从他们的错误中学到的,比从他们的成功中学到的更为宝贵。

# 第六章
# 自动化理财系统，建立你的"人生存折"

## ¤ 为你的钱分类

张致远，36岁，在一家地产公司担任销售工作。他找到理财师打算为自己家做一个经济咨询。理财师让他把现在保存的房屋文件、存折、保险等他认为是财产的所有东西都带过去。

带着自己找了好久才找到的几个存折和房产证，张致远去见了理财师。理财师在查看他带过来的存折后，发现里面有好几张已经到期的、已经两个月没有余款的存折。当理财师看到甚至有一份保险单夹在孩子书里当了书签时，张致远腼腆地笑了。

在正式开始咨询之前，理财师让张致远把现在每个月自动付款的基金和保险、零存整取存折放在前面，然后就现在正在投资和正在储蓄的存折内容询问他。以月存的积累式基金产品为例，张致远居然认为他只是在存款，但是积累式基金并不是储蓄性质的。还有他认为自己买了足够多的保险，但是他那些保险的保险金额很有限。不是他保险费交得少,而是当他死亡时保险金虽然很多,但受伤时受到的保障却很少,因此他还怀疑自己购买保险是否有意义。

张志远犯的错误相信大多数工薪族也犯过或是正在犯:只在每月底或每年年底把账户里剩的那点儿钱拿去投资,管它是多还是少。这样其实并没有获得很好的理财效果,即便说是理财也相当于没理。其实,如果我们能够建立自己的自动化理财系统,将自己的钱分类打理的话,效果就会大大不同。

将钱进行分类,并不是按其面值,而是按其用途。要设计适合我们自己的"理财系统",首先要划分钱的用途,再根据不同用途准备不同的存折。如果大家还不明白,那么想一想家中的用水情况,这样就会比较容易理解了。

水箱里的水通过不同的管道流入厨房或洗手间。流入厨房的水只用于刷碗和饮用,流入洗手间的水只用于洗漱和冲厕所。表面上看起来都是水,但按各自的用途,在不同的空间各司其职。我们也可以学学家中用水的情况给自己的钱分分类,让自己的钱也跟家里的水一样各司其职,不需要我们时时刻刻都跟在后面操作这些钱,处理这些钱。那么,我们该如何给钱分类,让它们各司其职去为我们服务呢?看看王亚楠的处理大家就会明白了。

王亚楠每月的工资是3500元,她每次一到发工资的日子,就会到银行里把100元取出来当成一年的定期存款存起来,100

元存进自己的基金账户，100元存进自己的纸黄金账户，100元存进自己的股票账户。她还有一个零存整取的账户，是专门用来应对她需要的一些大件的生活用品。最近由于她想要做一个网络写手的兼职，需要一台电脑，为了能够尽快开始自己的兼职写手的生涯，她每个月都会往这个零存整取的账户里存进500元。剩下的钱就放在工资账户里，既是自己的生活费用，也当成自己的应急资金。

王亚楠把自己的钱分成了6份，让这6份钱各司其职，在各自的账户中不断地翻滚增值，而她每个月就仅仅是在月初领工资的时候把相应的金额转入相应的账户中。其实我们也可以学学她，把自己每个月的工资按照自己的使用目的来分类。例如把收入中用来积累财富的部分分为5大目标资产——预备资产、房屋资产、保障资产、退休资产、投资资产，用来完成个人的投资理财活动，然后剩下的钱归自己平时的生活所用。至于金额多少，就需要我们根据自己的收入来安排了。

一般来说，在工薪族的经济蓝图里，一定要有预备资产、保障资产、房屋资产、退休资产、投资资产这五大资产的袋子。为了方便管理，我们最好办理独立的存折，根据我们资产的特点，对相应的存折跟银行约定不同的服务条件，例如基金账户，我们就可以约定每个月的哪一天自动扣多少钱去投资哪只基金，而我们只需要保证这个账户里有足够的金额可供银行去扣就行了。这样，等到基金到期或者是合适的时候，我们再去办理赎回的手续,之中的任何操作都不用我们操心,让这个账户自动为我们赚钱。

所以,给自己的钱分分类,让它们自动在自己的位置上增值保值,也是我们理财的一种方式,这种方式非常适合那些工作任务繁重、无暇顾及其他的工薪族朋友。

## ¤ 理财也可自动化:"四本存折"系统

繁杂的理财活动往往让工薪族吃不消,按照市场行情每月一换的理财规划让原本就忙于工作的我们实在很难消受,工薪族不妨考虑为自己建立一个"理财自动分配系统",来自动分配我们的收入。

如果以"理财三部曲"为基础来建立自己的理财分配系统的话,工薪族的钱可以分为固定支出、变动支出、备用资金、投资四个用途。与这四个用途相对应,需要四本存折。有些工薪族的公共支出在发工资之前已被扣除,所以这些公共支出不是管理的对象;如果是自由职业者,则可以把公共支出作为固定支出来管理。季节性支出可以和备用资金联系起来。

1. 工资存折:用于领取工资以及固定支出管理

一般来说,公司都会为员工建立一个固定的工资银行卡,工薪族也可以将这个银行卡作为工资存折来看待,无须刻意办理存折。

2. 消费存折：用于变动支出管理

在拿到工资之后，工薪族在月收入中扣除每月的平均开销，就能得到每个月可用于投资的金额。不要等到月底再去投资，而是应该在拿到薪水那天就把这笔余钱转存进你的投资账户。否则，到了月底，你永远都不会有足够的余钱（只需彻夜狂欢几个晚上）去贯彻自己的理财计划。

3. 备用存折：用于备用资金管理

备用存折主要用于保险或者其他意外项目的预留开支。

4. 投资存折：用于投资管理

在投资存折的管理中，工薪族需要根据自己的时间安排不定期地进行风险排查，避免由于风险带来的财务损失。

建立存折来达到理财目的的原理很简单，每月工薪族只需把工资存入工资存折后，到月末（或特定的某一日）之前自动缴付各种固定支出，再把一定的金额作为下个月的生活费（变动支出）自动转账到消费存折，剩下的钱全部转账到投资存折。这样就可以非常清楚地掌握每个月赚了多少，支出了多少，储蓄了多少。存入投资存折的钱，要先确保备用资金，再投资各种金融产品。这就是理财系统的基本形态。

需要说明一点，这四本存折不用特定的金融产品命名，而是根据每本存折的用途命名。准备好四本存折后，再开通网上银行。如果你投资股票、基金或债券，相关的金融机构会给你一本存折，但这还不是这里所说的"存折"，这里所讲的"存

## 什么是合理的家庭账户

理财专家认为，合理的家庭账户可以分为收支账户、投资账户及消费账户三种，也就是一个家庭最好办理三张银行卡。

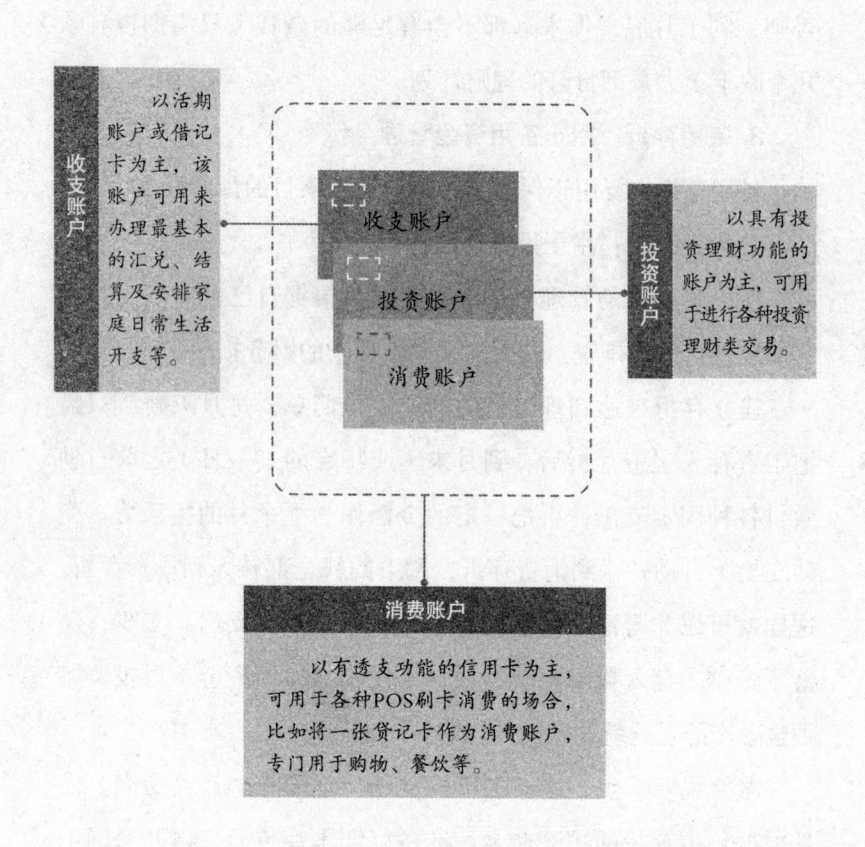

**收支账户**：以活期账户或借记卡为主，该账户可用来办理最基本的汇兑、结算及安排家庭日常生活开支等。

**投资账户**：以具有投资理财功能的账户为主，可用于进行各种投资理财类交易。

**消费账户**：以有透支功能的信用卡为主，可用于各种POS刷卡消费的场合，比如将一张贷记卡作为消费账户，专门用于购物、餐饮等。

折"是可以自由存取的存折。

自由职业者的工薪族月收入经常是不固定的。如果所销售的产品季节性强，在特定季节或特定时期比较畅销或滞销，这种现象就会更加明显。因此，自由职业者不像领取固定工资的工薪族，想要建立适合自己的理财系统并实行长期的理财计划是有一定困难的。

要解决这个问题，最简单的方法就是自由职业的工薪族可以给自己发固定工资，再养成根据固定工资消费、储蓄的习惯。为此，要明确划分事业用资金和家庭用资金，每月给自己支付工资并把工资自动转到工资存折。一年后，如果事业有所成就，那么下一年就给自己涨工资；如果事业进展不顺利，就给自己减工资。通过这种方式，也可以利用四本存折的原理进行理财。

## ▫ 第一本存折：工资存折

大多数工薪族是以工资为主要收入来源，甚至不少人完全依赖工资生活。但实际生活中，工薪族多数将工资卡随取随用，如此一来，无形中造成卡上闲余资金成"睡钱"。实际上，工资卡也有理财术！

对普通人来讲，工资存折只有存取现金的功能。殊不知，一本小小的存折里面也藏有不少理财的奥秘。打理好自己的工资存折是工薪族自动化理财系统重要的一部分。在一般情况下，工薪族的工资都是当月月初或者月末直接打到工资卡中。很多企业给员工办理的工资卡也同时具备了定存转账等多种功能，具备了存折的功效。

"黄金理财方程式"是报社工作的余小芸打理工资卡的秘诀，那就是"50%定期存款+30%活期存款+20%的理财产品"。

余小芸表示，赚钱靠开源节流，但是目前情况下很难开源，只能从节流上做文章。"虽然每个月工资有限，但是依靠按比例理财，还是很能积累财富的。"每个月，余小芸都通过网上银行自动将卡内的钱的50%存为3个月的定期存款，20%部分进行理财，剩下的留作日常开销。

一般工资卡里的钱是活期存款，而目前活期存款的年利息为0.72%，如此低收益等于让工资卡在"睡大觉"。"工资卡理财从约定转存开始。"余小芸表示，她算过一笔账，定期存款收益要远远超过活期存款，如果每个月将50%存入定期存款，与活期的收益差距超过5倍，"这个数据太可观了"。同时，余小芸为了提高收益，还将活期存款存为货币、短债基金。一旦活期存款的金额超过了5万元，就自动转为通知存款。

在工资被花完之前，做到精打细算，把工资先做一番投资，这是我们迈向理财的第一步。余小芸通过对自己工资卡的打理，达到了理财生财的目的。工薪族根据自己的实际需求来确定定期存款的期限，通常三个月期和半年期是较为合适的选择，经过一段时间积累，资金可以有更多的选择余地，积累下的资金就可以有更多的投资理财选择。

　　工资存折是领取工资及管理固定支出的存折。所谓"固定支出"，包括自动缴付贷款、利息、公寓管理费、各种公共费用、子女补习费、保障性保险等。工薪族可以把所有自动缴付日期设置为发薪日到月末之间的某一天，当所有的缴付结束后，第二天自动转账一定的金额到消费存折。

　　上面的操作结束后，工资存折就不需要再支出钱了，剩下的钱作为这一个月的可存金额，全部转到投资存折。从这时起，一直到下一发薪日期之前，工资存折的余额都为零。

　　从发薪日起，已自动缴付所有固定支出，生活费用也已经自动转账到消费存折，所以月末只要确认最终余额，再把剩下的钱全部转到投资存折，就不用再费心管理工资存折了。补打存折或在网上银行查看交易明细时，由于有每月的交易明细，无论何时都可以一眼看出固定支出明细和支出金额的变动情况。

　　与其让辛辛苦苦挣来的工资躺在活期存款这张温床上睡大觉，不如盘活手中的工资存折，用活转定来为自己敛财聚富，填补一下活期利率损失。

## ¤ 第二本存折：消费存折

　　俗话说"钱是人的胆"，没有钱或挣钱少，各种消费的欲望自然就小；手里有了钱，消费欲立马就会膨胀。

25岁美女晓静现就职北京一家颇有名气的都市报社,月收入在5000元左右。由于家境较好,在她身上总能看到最新的时尚元素。每次发工资都是她最富的时候。当然,还没到月末,她的工资已经花光了,只有向老爸老妈要赞助才能度完发工资前"青黄不接"的时光。当别人问起她的理财经,她的表情是一片茫然。

　　而同样,高乔峰和爱人的工作都和金融密切相关,高先生做保险,爱人在银行上班,按道理来说,他家的理财经应该多如牛毛。可恰恰相反的是,一个月挣5000多元的夫妻俩却没有存钱的习惯,更没有做任何投资,是地道的月光族。说起每月开销,高先生自己算了一笔账,竟也有2000多元。具体来说,除去1500元的家庭基础开销,每月需要在上幼儿园的儿子身上花费500元,另外还有300多元的家政费。

　　就此看来,2000多元的开销其实不算多,但是他们每个月剩下的也不多。原因就在于高先生和爱人花钱一直都较随意,用他的话来说就是,"谁的钱花完了就和对方要,一个月下来,每个人的工资都已经所剩无几了"。高先生经常为此而烦恼。前不久,儿子获得了全国少儿书法比赛特等奖,高先生一家为此庆祝了好几天,这更坚定了妻子要好好培养儿子的决心。然而一想到明年需要开始支付儿子上小学的费用,高先生禁不住直冒冷汗。

　　控制消费欲实在不是一个简单的事情,试想,随时随地、每时每刻,但凡有交易场所出现的地方,就会有无数的商家在挖空心思谋划刺激消费欲,一般人哪能抵挡得住呢?无论是处于单身状态缺乏管制的单身工薪族,还是已经结婚的工薪族家庭的夫妇,要控制消费欲望,特别要建立一个消费存折。

消费存折是管理变动支出即每月所需的生活费用,用途不同,支出的金额会有一定变动。存入这个存折的钱主要用于支付日常饮食、交通费、休闲费等。

变动支出是维持生活的必要支出,因此,无论再怎么节约,所能减少的支出金额也是非常有限的。所以,在进行变动支出管理时,养成每月定额消费的习惯就显得至关重要。如果包括固定支出在内的所有支出都可以保持在无变动的水平,那么,对订立和实行投资计划将是非常有利的。

假如我们每月固定收入是9000元,如果我们每月支出能够保持在6000元以内,那我们每个月就可以储蓄3000元左右。因此,想要投资零存整取存款积攒6万元的本钱,至少需要20个月。如果每个季度有奖金,达到这个目标的时间可以缩短到15~18个月。但是如果不清楚每个月支出了多少,而且支出的金额又经常变动,就很难建立这样的投资计划。这就好比我们走在大雾中,即使只能看到一点模模糊糊的灯光,也比漫无目的地乱走好。

在对自己的消费存折进行打理时,工薪族可以按照以下方式进行操作:

1. 选择适合做消费存折的金融产品

适用于消费存折的金融产品要具有存取功能。因此,关联借记卡的银行储蓄存款或证券公司的CMA(现金管理账户)比较适合。

日常消费尽量不要使用信用卡,而使用关联消费存折的借记卡或现金。从管理支出的角度来说,可以实时支出、实时确认交易明细的借记卡更方便管理。

2. 设定月固定消费金额

规定一个月所需要的大概支出金额后,每月从工资存折自动转账到消费存折,尽可能地把每个月的生活费控制在这笔钱的范围内。

到下一次自动转生活费之前,如果消费存折中还有余额,就把余额全部转到备用存折里作为备用资金。在实际生活中,有时不得不比平时多支出一些钱缴付财产税、汽车保险费或休假费等。不够的部分就可以从备用存折中支出,备用资金不仅可以用来防备非常时期,也可以解决这类问题。

3. 对消费交易明细进行分析核算

工薪族可以用工资存折开通网上银行,随时查询余额,对自己的资金了如指掌,并根据存折余额随时调整自己的消费行为。通过补打存折或网上银行查看交易明细,可以确认每个月的借记卡使用明细和取款明细,其效果如同记账。因此,如果支出超过了预算,只要查对一下交易明细,就可以很轻松地了解原因。

如果用规定的生活费难以生活一个月而经常性地支出备用资金,就有必要增加生活费金额。我们给自己规定一个月的生活费限度是为了更好地理财,而不是为了训练极限。

## 如何做到理性消费

"购物狂"这个词越来越多地出现在我们的生活中,我们卷入一次又一次的购物狂欢节里,心甘情愿地掏腰包并且还乐在其中。那么我们在消费的时候该怎么做到理性消费呢?

### 合理使用信用卡

合理使用信用卡才能使得自己的生活质量得到改变,而不是把自己的生活带入一种还款的旋涡里。

### 面对大减价要淡定

如果你在超市大减价或者搞活动的时候冷静一点,想清楚是否真的需要这些东西,就会少花很多的冤枉钱。

### 网上购物狂欢节要理性

网上的物品看似比实体店便宜很多,但质量难以保证。并且可能会因为贪便宜买了很多暂时用不到的东西,或者根本用不到的东西。

## 第三本存折：备用存折

翰·邓普顿曾经说过："如果你渴望钱，就学着去珍惜它。我们一生朋友无数，但在任何你需要它的时候都会无条件帮助你的，一片丹心自始至终的，只有这个叫作'存折'的朋友。"

面对各种突如其来的投资风险和生命安全风险，工薪族需要时刻提高警惕。因此，在进行理财系统建设时，工薪族必须为自己留出一部分备用资金建立单独的存折账户。

家住美国华盛顿的牙科医生布拉·贾维斯现年32岁，妻子苏丽塔无私地当了全职太太，他们有三个孩子。

2000年贾维斯刚从牙医学院毕业时，这对夫妻身上背负着12.6万美元之多的学生贷款。这笔贷款对他们无疑是笔大数目，也使他们的家庭资产在好几年里都是负值。为了养活一家大小，为了还清自己欠下的一屁股债，贾维斯不得不努力工作。

夫妇俩开始真正地积累自己的财富以后，他们首先考虑的是201（k）养老金储蓄优惠计划，这只占贾维斯收入的5%左右，每年在其中的投入为1.2万美元，他们还开启了罗斯退休账户，每年投入3000美元，尽管这些钱目前还不能自由支配，但是日后这笔投入将会令他们受益无穷。

备用资金换句话说就是救急资金，或者也可以称为预备资金。它是在个人面临失业、公司倒闭等突发情况，瞬间失去收入来源，或者因为突发疾病与事故急需要钱的时候，最不可或缺的一种资金。但预备资产也并非单纯地只是一种救急资产，它还包含了保护核心资产远离债务和过度消费的象征性意义。

通过留出部分个人资产投入养老金优惠计划，布拉·贾维斯夫妇为自己的老年退休生活准备好了养老资金。从另一个角度来看，养老金储蓄就是作为工薪族的布拉·贾维斯夫妇的备用资金。

在理财系统中居第一的备用存折，对于恢复我们对金钱的自信心意义重大。预备资产可以防止核心资产被债务和消费的诱惑所吞噬，并且保证我们不会因为担心钱而丢掉我们的勇气。备用存折是管理备用资金的存折，平时存入充分的备用资金，只用于特殊情况。特殊情况是指发生意想不到的事情而需要支出一笔高额费用，或用于缴付财产税、汽车保险费、支出休假费或过节费等季节性支出。除此之外，如果生活费超过了预算，消费存折中的余额不足时也可以暂时周转。

备用资金最好保持在月平均支出金额（固定支出＋变动支出）的3倍以上。如果很难做到这一点，也要确保有一定金额的资金。在投资之前，要先确保留有备用资金，如果支出了备用资金，要及时补充。

工薪族在预留备用资金时，可以在以下几个方面加强注意：

1. 提高对备用存折的重视

那些不满足于3%～4%的利息，正在埋头进行投资的工薪族，甚至把应该留给预备资产的钱也全部投资在了基金和股市上，这其实是一种很幼稚的行为。

有的人会问:"投资的时候,是不是应该持有一些流动资金,这样才能在股价下跌的时候进行低价买卖?"不错,当然应该有一些流动资金。但是这些流动资金分别从投资资产和退休资产里面准备就可以了。不要忘了,这里所说的备用存折是指当你需要紧急资金的时候可以使用的生活费的一部分。

2. 设置备用资产账户

准备开设备用资产账户,也可以说是你开始进行理财的契机。按照金融机构的不同,在 CMA、MMF(货币市场共同资金)账户上哪怕存放一天,也就标志着年折算利率 3% ~ 4% 的商品的出世。

如果可能的话,最好能持有 2 ~ 3 个备用资产账户。并且应该选择那些免手续费,日后贷款的时候能够利息减免,账户利息、支出管理等都对自己有好处的商品。

3. 对备用存折进行管理

如果我们的工资存折都被我们每个月的收入充满的话,工薪族的额外收入最好先存入备用资产账户,然后再转移到其他的核心资产上。工薪族若是因为季节性的消费或者突发事件,支出超出了预算,备用资产账户余额掉到了你规定的余额线以下的时候,应该及时把这个缺口填满,争取维持在一定的余额线上。

很多人只有经历了备受没钱煎熬的日子,才会体会到钱的珍贵。金钱是数字,它绝对不会欺骗你。对于上班忙碌的工薪族来说,更应采取稳健投资、综合分配资产的方式,预留备用存折,切勿让"高收益"的"刺激"投资战略迷了眼睛。

## 第四本存折：投资存折

曾几何时，涉世未深的工薪族对于投资理财似乎不以为然——"今朝有酒今朝醉，明日愁来明日忧"才是他们生活态度的真实写照。但是，随着生活压力的加剧、年龄的增长、意识的膨胀、环境的逼迫，工薪族会渐渐懂得建立投资存折，及早开始理财，才能未雨绸缪，有备无患。

投资存折是管理投资的存折，它可以用于投资的零存整取存款、基金、变额年金保险（变额年金保险为年金与变额保险特性相结合的商品，保单的现金价值以及年金给付额度都随着投资绩效好坏而变动）等金融产品都可以自动转账，因此，把所有金融产品的自动转账日期设置为同一天或相近的日期，会比较方便管理。

从工资存折中自动缴付各种固定支出和生活费之后，把剩下的钱全部转到投资存折。这些最好在各种金融产品的自动转账日期之前操作。如果变额年金保险等储蓄性保险缴纳少于两次就会失效，所以要留意保险费是否延滞。如果不放心这一点，储蓄性保险的保险费可以从管理固定支出的存折中自动转账。

从投资存折中自动转账支付各种投资产品后，把剩下的钱全部转到备用存折。备用存折中的钱除了备用资金以外，如果已积攒了一大笔钱，就可以投资到定期存款或基金等。

工薪族如果还在为每个月的月薪发到手之后都有不同程度

的贬值而苦恼,那么,为什么不建立一个投资存折开始个人的投资理财行动呢?其实在工资不变的情况下,想让自己的小日子过得更滋润,投资不失为一种好途径。在准备好投资存折之后,不妨选择一种适合你的投资理财工具进行投资,让投资存折见证你理财成长的轨迹。

## ¤ 常翻翻你的"四本存折"

结合上面的存折介绍顺序,工薪族完全可以设计出一套属于自己的理财系统。在此,主要是以银行交易的情况为例,如果还和证券公司交易,就可以适当利用CMA等,具体的操作顺序如下。

1. 选择一家银行办理四本存折并进行关联设置

开一个储蓄存款账户作为工资存折;开一个储蓄存款账户作为消费存折,关联借记卡;开一个储蓄存款账户作为投资存折;开一个储蓄存款账户作为备用存折。为了便于管理和操作,把所有的账户通过网上银行关联起来。

2. 对工资存折进行单独设置

所有固定支出的自动缴付账户设定(或变更)为工资存折,自动缴付日期设定为发薪日与月末之间的某一天。一般通过电话或网络很容易变更各种公共费用和保障性保险费等自动缴付业务,但也有一些必须亲自到银行或相应机构办理。

为了便于每月将一定金额自动转到消费存折,可以将工资

# "月光族"必看的理财妙招

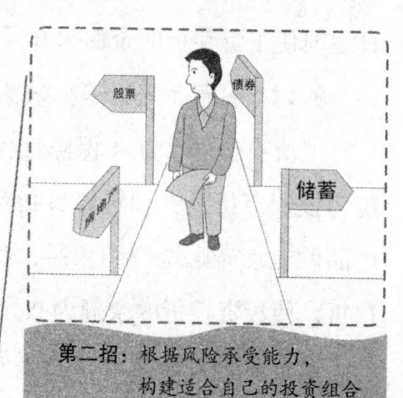

发了工资先存1000元。

第一招：理财从攒钱开始

股票　债券　储蓄

第二招：根据风险承受能力，构建适合自己的投资组合

算了吧，还是不看了，家里有类似的衣服，不用再买了。

第三招：理性消费，省钱就是赚钱

信用卡让我花钱时没感觉，还钱时很伤心啊。

第四招：如果不是确有所需，还是尽量不用或者少用信用卡存折与消费存折建立关联，自动转账日指定为所有固定缴付结束之后的第二天（或特定的某一天）。自动转一定金额到消费存折后，把工资存折的所有余额转到投资存折，直到下一个发薪日之前使工资存折的余额为0元。

3. 对投资存折进行单独设置

把所有金融产品（保障性保险费除外）的自动转账账户指定为投资存折，自动转账日指定为同一天或相近的日子。金融产品的自动转账全部结束后，将投资存折的最终余额转到备用存折，使投资存折的余额为0元。

通过这种方法理财，需要做的只是在确认工资存折的最终余额后往投资存折转账及从投资存折往各种金融产品自动转账后确认最终余额，再向备用存折转账。每个存折的交易明细都是按顺序整理好的，所以查看并确认支出明细和投资明细非常方便。如果不用网上银行，一个月去一两次银行或附近的自动终端机转账后，再补打存折确认也可以。

对四种存折设立关联设置后，工薪族就可以在既定的理财系统中开展理财活动。如果工薪族按上面所说的，重新设计了自己的理财系统后，可能会遇到一些麻烦，尤其是刚开始的几个月，可能还会出现操作失误。但实际上用不了多久，工薪族就会发现这是一个非常便利的理财系统。当然，并不是在建立理财系统之后，工薪族就能够高枕无忧了，对存折进行及时的检查是十分必要的。

一天,许艳春与爱人来到中国工商银行某分理处,准备开户存1万元的存款,等三年后女儿考上大学再将存款取出,供女儿上学。办理完开户后,柜员指着一份材料对许艳春说:"购买这种保险比较好,这个没有利息税。其实这个和银行存钱一样,但这个不交银行利息税,还比银行利息高。"

许艳春和丈夫平时靠打零工为生,女儿又在上学,经济条件并不宽裕,在依靠工资存折度日的时候对柜员的话并不怀疑,办理完业务后,许艳春的存折上只显示了两笔业务记录,"开户、续存",金额是10001元。

三年后,许艳春的女儿收到大学录取通知书,全家人高兴得合不拢嘴。交学费的事情也提到了日程上来,许艳春告诉女儿,不用担心:"三年前,我和你爸就在工行给你存好学费了,再加上利息,现在应该有11000多(元)了。"可是,当许艳春来到柜台准备办理取现业务时,才知道其实1万元钱已经不在这张存折里了,被办成了10份保险。

由于缺乏必要的投资理财知识,许艳春在三年后才知道自己的存款被私自转换成保险的现实,虽然在后来的协商下,保险公司将1万元钱打到了她的账户中,但是定存本该产生的1000多元的利息却打了水漂。如果能够早检查早发现的话,许艳春就不会蒙受利息损失。

工薪族每年至少要翻阅自己的四本存折两到三次,检查个人设定的理财系统情况,其最重要的目的是确认收入中存了多少钱，和上一年比起来增加了多少净资产。确认后如果觉得未能充分储蓄，就有必要分析原因，努力改善。一般不能充分储蓄的原因是超支消费。

在进行翻阅检查的时候，工薪族可以参考以下的操作标准：

1. 工薪族可以用 Excel 软件制作几张简单的表来检查理财情况

例如设置 5 个 sheet 表，输入第一个和第二个 sheet 后，可以在剩下的 3 个 sheet 中得到资产、负债、收入、支出、储蓄比率等分析结果。

2. 整合存折外的其他账户，减少非合理支出

在四本存折之外，有些工薪族手中持有不少银行的银行卡，但这些银行卡多数都不用。对于长期闲置的账户，客户应去银行办理销户手续。

工薪族做好手中的账户清理工作，不仅利于大家掌握手中的资产数额，同时更能保护好个人隐私，规避一些不必要的收费。

3. 完善资产达标，尽享增值服务

工薪族在确保资产稳定性的同时，需要做好存折的理财规划，完善资产达标。现在很多银行都有规定，当储户存款规模达到其设定的贵宾客户标准时，可以升级为贵宾客户，贵宾客户可以享受如个人银行贵宾理财师服务、保险赠送、酒店会员服务、医疗健康服务、全天候道路救援等增值服务。

第七章
# 巧用复利，
# 让财富加速倍增

## ¤ 想赚钱，先学会"放大"你的钱

工薪族理财和不理财的区别非常大，因为利用复利让"钱滚钱"的力量相当惊人。

大家可能爱存钱，但越存越穷该有多心酸。把钱放在卡里，你存或者不存，钱就在那里不多也不少。一些工薪族工资收入也不错，却没有理财的习惯，会把钱放在银行，十几年过去就会发现自己还没有当年那位会理财的下属的钱多。

其实，想有钱不难，想赚钱也不难，关键在于能否放大自己的钱。看看下面的表格大家就会明白。

假设投资 10000 元，投资回报率是 10%，单利和复利的回报对比表

| 时　间 | 单利计算 | 复利计算 |
| --- | --- | --- |
| 0 年 | 10000 元 | 10000 元 |
| 5 年 | 15000 元 | 16105 元 |
| 10 年 | 20000 元 | 25937 元 |
| 15 年 | 25000 元 | 41772 元 |
| 20 年 | 30000 元 | 67275 元 |
| 25 年 | 35000 元 | 108347 元 |
| 30 年 | 40000 元 | 174494 元 |
| 35 年 | 45000 元 | 281024 元 |
| 40 年 | 50000 元 | 452592 元 |
| 45 年 | 55000 元 | 728904 元 |
| 50 年 | 60000 元 | 1173908 元 |

从上面的表格中，我们可以很明显地看出来，在前五年至前十年的时间里，单利和复利的差别都不太大，可是时间越长，复利就会像滚雪球一样，呈几何倍数增加。所以，如果我们能够利用复利来放大自己的钱，我们也是能够让自己的财富加倍增长的。

虽然现在全世界还没有一个国家或者银行可以在 50 年里保持 10% 的单利。但是对于一个经济强劲增长的国家来说，它的股市在数十年里保持 10% 的平均年增长率是完全可能实现的。所以对于广大的工薪族而言，如果能够学会抓住这些投资机会，

# 复利投资，让钱生钱的理财方法

复利，就是复合利息，它是指每年的收益还可以产生收益，即俗称的"利滚利"。而投资的最大魅力就在于复利的增长。

## 神奇的复利

理财致富是"马拉松竞赛"而非"百米冲刺"，比的是耐力而不是爆发力。事实证明，影响未来财富的关键因素，是投资报酬率的高低与时间的长短，而不是资金的多寡。

复利的力量

## 单利与复利的区别

想象一下，你手里有一张足够大的白纸，现在，你的任务是，一张纸的厚度只有0.1毫米，也就是说一万张纸才有1米高。那么，把它折叠52次，它有多高？一个冰箱，一层楼，还是一栋摩天大楼那么高？答案是它的厚度是2.25亿千米，超过了地球和太阳之间的距离。

差别出人意料

折叠52次的高度如此出人意料，但如果仅仅是将52张白纸各折叠一次后放在一起呢？只不过是10.4毫米。这就是复利与单利的区别。

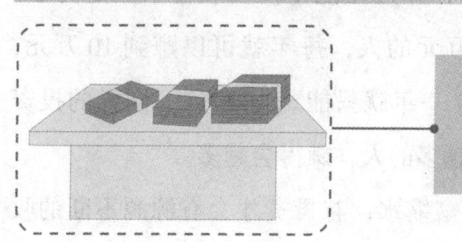

复利就是一变二，二变四，四变八……这种复合的利息滚动，能让财富在时间的见证下，产生奇迹。

第七章 巧用复利，让财富加速倍增

让自己的钱搭上复利这辆顺风车，让自己的钱迅速放大，那是再好不过的了。

对于工薪族而言，想要用好复利这一资本利器，首先得选择好正确的风险投资，其次要学会正确的金钱相处之道。我们可以来参考以下四种状况：

（1）每个月持续存5000元，没有做任何的投资，想要存到人生第一个100万元，约需要存16.6年。

（2）每个月持续存5000元，在投资收益率有10%的情况下，想要存到人生第一个100万元，约需要存近11年的时间。

（3）一个月多存5000元，等于一个月想办法存10000元，在收益率10%的情况下，想要存到人生第一个100万元，只需要花近7年的时间。

（4）一个月多存5000元，等于一个月想办法存10000元，在收益率20%的情况下，想要存到人生第一个100万元，只需花5年多的时间。

每个月想办法存的钱越多，并且通过有效率地存钱，跟一个只会存死钱的人相比，两者要存到100万元，就相差了10年的时间。如果反过来计算，并且在把年投资收益率固定为1%的情况下，一个有1000万元的人，每年就可以赚到10万元；而一个只有10万元的人，一年就只能赚1000元，同样的投资收益率下，当然投资本金越多的人，赚得会越多。

有理财才不至于让财富缩水，有投资才会有源源不断的收益。在贫富差异有扩大趋势的今天,如果工薪族想放大口袋中的钱,就应该及早设定个人的"理财目标",通过投资来不断放大个人财富。千万不要让银行羁绊住你"放大"金钱的脚步,坚持不懈,工薪族也会轻而易举地富足。

## ¤ 鸡生蛋,蛋孵鸡:复利无穷尽

曾经有人问爱因斯坦:"世界上最强大的力量是什么?"就在大家以为他会说是原子弹爆炸的强大威力时,爱因斯坦回答说:"复利是人类最伟大的发明,复利才是宇宙间最强大的力量。"

用中国的古话来说,复利就是"鸡生蛋,蛋孵鸡",经过不断的循环往复,最后鸡和蛋的数量都十分可观。在投资理财当中,工薪族要想轻而易举地富有必须了解复利这一致富技巧。

世界上许多像巴菲特这样的大师级投资者都把复利原理用到了极致。在很多工薪族眼里,15.2%的年收益率实在是微不足道,但是经过复利的放大作用,最后收益率转换成实际的个人投资收益时会十分可观。

复利是现代理财的重要概念,所谓复利也称"利上加利",是指一笔存款或者投资获得回报之后,再连本带利进行新一轮投资的方法,最后获得"鸡生蛋,蛋孵鸡"的效果。在投资理财中,这对工薪族的财富可以带来深远的影响。按照复利原理计算的价值成长投资的回报非常可观。假设工薪族进行投资每年的回报率是100%，本金10万，如果只按照普通利息计算，每年回报只有10万元，10年亦只有100万元，整体财富增长只是10倍，但按照复利方法计算，首年回报是10万元，令个人整体财富变成20万元，第二年20万元会变成40万元，第三年40万元再变成80万元，10年累计增长将高达1024倍（2的10次方），亦即10万元的本金，最后会变成1.024亿元。

随着年期增长，复利效应引发的倍数增长会越来越显著，以每年100%的回报率计算，10年复利会令本金增加1024倍（2的10次方），20年则增长1048576倍（2的20次方），30年的累积倍数则达1073741824倍（2的30次方），若本金是1万元，30年后就会变成10737.42亿元。

现在身家不错的曾志雷回顾起大学毕业刚工作的情形时还记忆犹新。

20世纪90年代，曾志雷在大学毕业后的第七天，就从大连飞到陌生的深圳，开始在外企工作。一个星期后，孤身在外的他发现其实以他可怜的工资竟然连一套像样点的房子的租金都不够。不过现在情形完全不同了，不要说房子租金，就是想住别墅都负担得起了。

为什么变化这么大呢，因为曾志雷很早就开始通过复利累积自己的财富了。

工作5年后，曾志雷攒够8万元钱就开始买房，买房之后做起"包租公"，收到租金之后除了日常开支，又马上买了下一套房子。在最初他买了很多小房子，都是从每一个月的租金中积攒下来的，厂房、公寓、写字楼、住宅、别墅、车位，曾志雷都曾经买过，如今手上持有的这几种类型也都有。然后就是接着收租、买房，简单反复而已。

曾志雷从2000年开始购入大面积物业，2006年全职经营物业当起收租公，而这个阶段也恰好是深圳地产加速上涨的阶段。一方面租金本身就在不断上涨，另一方面物业的数量变化也很快。全额投入100万元买写字楼，物业年均增值10万元，租金回报率10%，每年租金积累下来再投入买一个小房子，年年如此，到第十年，第一间100万元的写字楼可以升值到200万元。直到有一天在网上看到，曾志雷才知道他所做的便是楼市的复利投资。

现在小投资，将来大收益，这就是复利的神奇魔力。通过对房地产行业的复利投资，曾志雷完全改变了自己当初只是给别人打工，连房子租金也付不起的困难局面。如果工薪族也能够按照曾志雷这样，坚持按照成长投资模式去挑选、投资股票，那么获得丰厚的投资回报并非遥不可及，工薪族的投资收益也会像鸡场中不断增长的鸡一样越来越多。

因此，若想打造出属于自己的财富人生，必须坚持不懈进行复利获益。要知道，投资理财并不是一个月的事，也不是经过一年便可以完成的，而是人们一生必须做的事情。随着时间的推移，工薪族自己的财富可以通过复利的形式不断增长，最终实现自己的财富目标也不是天方夜谭了。

## ¤ 攒钱要狠,投资要早,时间要久

对于大部分工薪层来说,复利投资的第一步是要从用工资理财开始。工资收入不仅是复利投资的起始点,还是财富持续增长的基础。对于那些通过自己从事的工作来养活一个家庭的工薪族来说,最重要的武器就是你从事的工作和工作的收入。

对于工薪族而言,造成投资成败的原因有很多,其中一点是亘古不变的,那便是投资者与时间之间的斗争。在这场斗争中,谁具备强大的忍耐力,谁便可以取得投资理财的成功。试想,一个进行一年投资便想收回本金的人,与进行10年投资却不收回本金的工薪族相比,谁能够获得巨大的财富?事实证明,花更多时间进行投资的人,往往更能够充分享受时间所产生的效用,从而为自己创造出更多的财富。

工薪族甲和乙两人,在30岁的时候一起听了一堂关于理财的重要课程。听完讲义以后,甲下定决心马上开始理财,而乙以眼前有要处理的事情为借口,推迟了理财计划。甲截止到35岁,5年间每个月拿出6000元投资到基金上,而后将这36万元的本金作为可以灵活使用的退休金,以后30年一直维持现状,直到65岁;反观乙,在挥霍了15年光阴后,45岁时后知后觉,决定要开始理财。乙为了填补自己虚度的15年,从45岁到65岁,20年间每个月投资6000元,总共投资了144万元。

35年后甲和乙都65岁了。乙虽然比甲开始理财晚,但是他投入了四倍的资金，所以他期待着自己会得到更多的退休金。但结果是，虽然甲投入的本金不超过乙的 1/4，但甲的退休金却几乎是乙的两倍。

甲从 30 岁开始理财，随后 5 年间每个月投入 6000 元，作为之后 30 年的储备金。

本金总额：36 万元；

65 岁退休金评估额：810 万元。

乙年轻的时候虚度光阴，从 45 岁开始，随后 20 年间每个月投资 6000 元。

本金总额：144 万元；

65 岁退休金评估额：456 万元。

目瞪口呆的乙去银行询问理由。银行答复说，35 年时间的基金投资收益率是年复利 10%，甲的本金虽然不过是乙的 1/4，但是甲比乙早了 15 年开始理财，所以他会获得更多的退休金。即使后来乙投入了更多的钱，但是这和投入的资金数目是没有太大关系的，投入的时机才是收益的重点。

年轻时越早了解自己每月收入的价值，你的未来就越有保障。假如你现在年薪是 30 万元，就相当于你在存入一笔 600 万元的定期存款；反之，如果你每年都虚度光阴，没有收入的话，就相当于你抛弃了 30 年后自己的 510 万元的养老金。这足以说明，你每个月的收入是具有无穷的能量的。

人生在世，只有尽可能早地进行投资，将自己的投资周期最大化地拉长，才可以让自己获得比较高的收益。复利往往可以发挥四两拨千斤的效果，即使此项投资商品的复利收益率仅仅比其他投资商品多出0.1%，但是在最终收益决算中能够获得远比其他投资商品高出数倍甚至数十倍的收益。

周围的人在理财上遇到困难或者失败的时候，大多数是因为在犹豫，没有及时进行理财。年轻时的出发点虽然差不多，但是那些早一天进行理财的人和一直拖延的人，经过10年、20年，到了老年以后，他们之间经济状况的差距就会被拉大。人们往往20岁的时候沉浸在青春的快乐里，30岁的时候又因为结婚和育儿问题而感到头疼。但是你如果知道年轻时候浪费的时光，将来会变本加厉地报复到你身上的话，你年轻时的想法也许会不一样。

从理财的原则上来讲，哪怕只是早一天开始，也是非常重要的。越早开始，你付出的努力就会越少。越早开始攒钱，越早开始理财投资，工薪族的账户就会越厚实，只有这样，你才能充分地利用时间，哪怕以较少的资金投入，也可以规划出你的美好未来。

## ¤ 利用顺复利，防范逆复利

理财的关键就在于：通过复利的方式，使自己的资产经过一段较长的时间实现快速增值。任何工薪族在复利的影响下，都有可能将自己打造成富翁。

随着投入时间的增加,它产生的巨大收益将是你无法想象的。这就是复利所带来的复利效应。复利效应指资产收益率以复利计息时,经过若干时期后资产规模(本利和)将超过以单利计息时的情况。

复利效应和计息的频数有关。同样10%的名义年利率,如果半年计息,则等效年利率为$(1+5\%)^2-1=10.25\%$;按季计息,则等效年利率为$(1+2.5\%)^4-1=10.38\%$;可见,随着计息频数的提高,等效年利率也将上升。其极限情况是连续计息,等效年利率为$\lim(1+r/N)^N=e^r$。虽然只是普通工薪族每天随随便便就花掉的1元钱,但是复利收益如果吸收了"时间"这个养分,那么它就会呈几何级数式地增加,长成一棵茂盛的财富之树——这就是复利的力量。

上面这些都是复利效应中积极的一面,但是世界上的事物总是相对存在的。

没错,所有的人都在享受着100%的复利效应。但是,在数量远远超过富豪的贫穷人群中,在渐渐往贫民阶层滑落的工薪阶层中,每个人都在背负着复利的副作用——逆复利。最为典型的就是因为某些急事而借的民间"高利贷"。

30岁的刘范楷从某高校金融管理专业毕业后成为一家公司的理财员。去年上半年,刘范楷为了给自己和女友购买手机和电脑,用信用卡透支了1.2万元。由于一直无法还上透支欠款,刘范楷便利用自己在公司掌握的信息,向高利贷公司借了款。

一开始刘范楷在南郊一家高利贷公司借了3.5万元,可拿到他的手上时,只有2.05万元。"高利贷的月息是30%,在借款时,他们就会扣掉下个月的利息,还有4000元的手续费。"刘范楷说。

拿到这笔钱后,刘范楷先还了银行信用卡透支的欠款,本想着能喘口气,可转眼一个月的时间就到了,欠高利贷的钱却无法还上。过期不还,违约一天他们每天要罚款3500元,"当时我欠了一周,他们就让我一次还4万元"。为了还上高利贷的欠款,刘范楷无奈之下又向另外一家高利贷公司借了3万元。

从这之后,为了还清高利贷,刘范楷拆东墙补西墙,先后向8家高利贷公司借钱还债。

因为高利贷产生的巨额逆复利,使刘范楷年纪轻轻就背负了沉重的压力。所有的游戏都有规则。在这个多姿多彩的世界里,如果我们不清楚游戏规则,就会失败。我们生活在这样的经济和金融环境里,玩高利贷这种金钱游戏也是一样的。

逆复利,是在"钱包里的钱再多,也只能使用一次"的前提下展开的。我们辛苦挣来的钱应该用在哪里,是由我们自己决定的。如果我们决定了在某个地方要使用这100元钱,那么我们在别的地方就没办法再使用它了。也就是说,如果我们不把这100元钱用来偿还债务或者作为未来的预备金,而是马上消费掉的话,由此导致的后果会使我们的债务持续增加,更谈不上产生收益了。

赚钱不只靠薪水,钱生钱是非常重要而且也非常必要的收入来源。工薪阶层靠长期投资带来的复利效应绝对可以过上非常富足的生活。同时，工薪族也绝对不能忽视逆复利的债务效应，只有这样才能慎重地处理金钱。我们是想成为充分利用复利来受益，在金钱的世界里自由自在生活的人，还是淹没在逆复利里，终生偿还债务，成为金钱的奴隶？结果不言而喻。

## ¤ 巧用"72法则"创造巨额财富

成功的投资人士都说：投资致富要有目标，有目标的投资更能成就财富。那么，工薪族要用什么方法来辅助自己确定财富目标呢？

"72法则"就是一个辅助工薪族发财致富的好方法。在投资理财界，有"72法则"成就富豪之说。也就是说，懂得并运用"72法则"的投资者比不懂"72法则"的投资者更容易成为富人。"72法则"虽不是一笔资金，但它对于投资致富的作用不亚于一笔资金。因此，活用"72法则"，对于工薪族来说是一件极为重要的事。

简单来说，"72法则"是运用72除以复利的收益率，便可以得出本金翻上一番所需的时间。拿9%的年复利收益率来计算，投资者只需要花上8年（72÷9=8）的时间便可让自己的本金翻上一番。

同样地，如果工薪族在投资时的复利收益率为12%，那么工薪族花上6年的时间可以让自己的本钱翻一番；若是投资者的复利收益率为36%，那么工薪族只需要花上两年的时间便可以让自己的本金翻上一番。可见，若工薪族可以巧妙地运用"72法则"进行投资，便可以在一定的年限之内，为自己创造出巨额财富。

使用"72法则"进行计算时，误差=精确值-估算值，最大的误差仅为0.28年，也就是可能出现的误差仅为3个月。可见，运用收益率的方式表示总收益翻上一倍的年数误差是非常小的，这时工薪族便可以直接使用"72法则"。

工薪族对"72法则"的运用，可以帮助自己在价值投资的过程中，非常快速地估算出年收益率或者年收益增长率。在大价值投资中，"72法则"是可以对年收益率或者年增长率进行估算的非常好的方法。巴菲特等投资者，时常会用"72法则"对自己的财务指标进行估算。

廖晓凡经过多年工作储蓄下5万元，她想将这5万元投资某一个产品，使8年后女儿上大学时，投资本息合计有20万元，以便有足够的费用来支付女儿的学习和生活费用。理财师建议她运用"72法则"来明确每年应该要有多大的投资收益率，以便确定投资哪个理财产品。

计算方法如下：从5万元到20万元是翻了两番。先来计算经过8年本金翻一番所需要的投资收益：72÷投资收益=8年，经过运算可知投资收益率为9%。

那么，据此廖晓凡就可确定自己该投资哪些产品：银行存款、国债、一般信托产品的年收益率都不能达到8%，所以不能投资这些产品。如果中国A股的牛市长达10年，那么投资基金和股票可以达到"8年从5万元增值到20万元"的目标。

因此，廖女士决定将4万元投资股票型基金，另1万元投资购买一只成长性良好的股票。

通过廖女士的案例，工薪族可以发现，只要运用简单的除法，不需要复杂运算，就可以得到复利的答案。

此外，运用"72法则"也能很好地计算自己为将来养老得准备多少钱，也就是规划退休之后的养老生活。

人们总喜欢用"利滚利"来说某些获利快速、回报惊人的投资项目，例如投资者投资1万元，购买了年回报率为20%的股票，若中间不出现什么问题，大约需要三年半的时间，便可以将自己投资的1万元变成两万元。若将复利的公式分开来看，其公式便是本利和 = 本金 ×（1+利率）× 期数，这里的"期数"时间因子乃是整个公式中最为重要的因素，只要一年又一年，或者一个月又一个月地相乘下去，所得到的数值便会变得越来越大。

尽管复利的公式算起来并不复杂，但是随着期数的不断增长，工薪族再进行计算便十分困难了。因而，一些理财高手会时常列出一个复利表，只需要对照复利表按图索骥，就可十分容易地计算出最终的结果。然而，虽然理财高手计算好的复利表非常简单、好用,但并不是时时刻刻都将其带在身边的。此时,当投资者需要计算复利报酬时,一个最为简单的方法便是"72法则",该方法可以让投资者减少许多麻烦。

对于工薪族来说,当需要为自己制订财务规划时,需要了解复利的运作方式与计算方法,这也是工薪族必须掌握的原则。虽然工薪族运用"72法则"计算出来的结果没有理财高手们列出来的复利表那样精确,但是通过该法则计算出来的结果与实际相差不大,因而对于投资者而言,即使手中没有一份精确的复利表,也可以运用此法则进行计算,从而得出自己想要的结果。

## ¤ 做"乌龟"别做"兔子",年年赚钱最重要

"龟兔赛跑"对工薪族来说并不陌生,故事的结尾是,兔子因为得意而中途睡了懒觉,乌龟虽然慢吞吞,却因为坚持不懈而赢得了冠军。在生活中,乌龟跑赢兔子的耐心和执着经常为人津津乐道,而在理财中何尝不是如此。

固定收益产品好比是乌龟,回报稳定,但似乎总是不紧不慢,欠缺激情。而股票投资好比是兔子,价格上蹿下跳,十分带劲。一些固定收益产品,例如国债、企业债券、低风险的银行理财等,就像是慢吞吞爬行的乌龟。长期以来,工薪族大多希望有朝一日能够骑上"兔子",实现财富快速增长的目标,而

股票投资也确实吸引了工薪族的注意。与股市相比，固定收益产品受到的关注显得少了很多，因为这类产品的年回报率通常不超过10%，显得很没劲。

但是，随着经济指数不再具有以往的生气，投资市场的情况开始发生改变。原先快跑的"兔子"开始停下脚步，身后爬的"乌龟"慢慢追了上来。

目前看来，不论是在等待股市"兔子"睡醒的当下，还是在骑上"兔子"奔跑的将来，那些具有快速上涨能力的高风险投资项目并非工薪族的首选，持长期复利，才是工薪族在投资理财中成功的关键。

身为公司同事的曾子甲和王子乙同样都在进行积极的投资理财活动。两人见面的时候，常常一起讨论怎样控制风险，控制自己。但是他们在投资方法上有所不同。

曾子甲是做日内的，他每天最多只愿意赔1万元。他的对账单显示，他赔钱都是赔2000～5000元；赚钱的话，大多是几万元。如果当日有大行情，他甚至可以赚到10万元以上。当然，他每个月都赚钱。他每天都是一个新的开始，都是从一口开始做，如果赚钱，他才会下多口。

王子乙是做月结的，他认为控制风险比什么都重要，如果不把自己的风险承受度降低，总有一天会走上杰西·利弗莫尔的老路。王子乙根据自己目前的资金情况，给自己设定的年回报率是40%，下档风险是2%。而王子乙也是几乎都在赚钱，一年大概只有一个月是赔的,就算赔,也只是赔2%~3%。

在保证自己不会有大亏损的情况下,曾子甲和王子乙同样进行股票投资,保持长时间内的稳定复利收入,从而使自己的工资在投资理财中越滚越大。

复利效果的前提是不能亏损。成功是长年累月积累而成的。很多人以为致富的先决条件是巨大的资金与庞大的资讯网和超出常人数倍的盈利能力,但其实并非如此,重要的是你每一步都要为未来做打算,不短视近利,要永续经营。

巴菲特的成功秘诀到底是什么?巴菲特自己认为是"能够安全避险,保持长久而稳定的复利增长"。由于"安全投资的极限"这一原则在指导他选择"安全投资边际"进行投资,他说:"赚钱的秘诀并不在于冒险而在于避险。"巴菲特操作时也有两条原则,第一条原则:千万不要亏损。第二条原则:千万不要忘记第一条原则。就是这些简单的原则成就了世界富翁。

真正的成功都是复利所致,一个人在20岁开始以1万美元投资,如果可以保证每年的复合增长率是35%,等到他70岁时,就可以拥有328亿美元的资产,这就是复利的效果。

但是仔细算来,如果我们有1万元人民币,每一年复利达28%,用同样的时间,也可以做得很出色。乍一看,一年28%的利润并不高,我们也许会在一两个星期里获得比这高得多的收益,但事实上,成功的艰难不在于一次两次的暴利,而是持续保持。

## 成功投资：掌握安全的投资理财策略

如果我们学会利用一些安全的投资理财策略，把风险降到最低，来实现收益最大化，这就是成功投资。

**策略一**

**每月定量存钱**

每个月拿出多少钱来进行储蓄，要根据个人的实际情况来定。

**策略二**

**高风险投资遵循80 [ 高风险投资比例=（80−年龄）% ] 法则**

同时，随着个人年龄的增长，高风险的投资比例也应随之降低。

**策略三**

**先投资再等待机会**

投资理财应该趁早，有足够的时间，才能使复利发挥作用。

**策略四**

**保障本金安全**

可以适当进行分散投资，但不能太过贪婪，做到稳赚不赔就行。

对工薪族而言，保持长期复利的投资技巧有两重含义：一是懂得歇息，在市场走势堪忧时，不投资反而能避免亏损；二是持有指数型基金，市场向好时，该类基金的收益与市场同步，实际也能跑赢大部分专业投资者。

或许有人会问，短期市况走向不明，该如何是好？那么就请忽略短期的市场波动，着眼于长远。因为长期而言，市场走势必定螺旋向上，只要不是碰到上证在2007年年底的超高估值的巅峰状态，持有指数基金就应是中小投资者的首选，将与市场长期总体向上的趋势同步。

此外，从投资组合配置的角度看，应根据工薪族个人的风险偏好，适度加入以债券为代表的固定收益产品，这些"乌龟"的存在会有效降低投资组合回报率的波动性。这些债市的"乌龟"可以为投资者带来稳定的合理回报。

第八章
# 打败"吃钱怪兽"
## ——通货膨胀

## ¤ 通货膨胀是积累财富最危险的敌人

简单来说,通货膨胀就是价格的普遍上涨。一般情况下,通货膨胀已经来临,而我们的工资却没有上涨的迹象,这就让工薪族极度讨厌通货膨胀。而且,通货膨胀还是我们积累财富的最危险的敌人,因为我们辛辛苦苦赚来的钱会在通货膨胀的情况下变得不值钱——哪怕在通货膨胀时,我们赚得比以前稍微多一点,我们也无法喜欢通货膨胀。

坐在银灰色的丰田里,小健才感觉自己真的迈进了白领阶层。"买车的想法已经有两年多了,直到上半年真正把车买到手了,这颗心才真的落了地。"小健这样表示。

成了有车族后,他的花销也随之增加,这一点让他感到有些担心。根据他的测算,从2008年4月到2009年4月,短短一年时间里油价就上涨了1.3元,按照一个月加油150升计算,一个月下来仅在汽油方面支出就多了近 200 元。

除了汽油涨价，其他方面物价的上涨也令他感到担忧。由于职业本身的原因，每个月他都有用于购买化妆品的固定花销，他告诉记者，原来他购买的套装在 500 元左右，而现在同样的一套已经涨到 700 元，再加上女朋友用的化妆品也涨价了，目前他仅用在购买化妆品上的支出就足足增加了 400 元。

"如果说开车、化妆品花销是可以控制的，那么日常生活支出就无法避免了。"小健说，去年这个时候一个礼拜出去吃两次饭，一百块钱基本可以下来，但现在吃一顿饭可能就要百八十元，如此算下来一个月也要多出四五百元。按照小健的说法，尽管他的月薪已达五六千元，但相对于不断上涨的物价，这些钱还是显得少了些。"现在基本上一天的花费就得 100 元，一个月就是 3000 元，而去年这个时候一个月 2000 元已足够。"小健说。

通过小健的生活变化，我们可以看到，在通货膨胀的时候，我们在享受同样的日常生活的时候要比之前多付出一些钱才能够达到。这就让我们不得不降低自己的生活质量，如果我们的生活质量不能降低的话，那么我们积累财富的速度就会降低。在这种情况下，若我们赚的同样是 3000 元每个月，但是这 3000 元就好像变薄了一样，在通货膨胀的情况下，能买到的东西特别少。

而在什么东西都涨价的情况下，我们所工作的公司的各个方面的支出相对也就多了起来，成本高了的话，它就会在别的方面想方设法节省一些开支。这也就是那么多人会在通货膨胀

## 如何防止资产流失

在生活中，即便是有理财规划，但若没有学会防止资产流失的话，财富也会不知不觉地溜走。下面让我们来看下该怎样防止财产流失吧。

> 妈，这些钱你帮我攒起来吧，年底我用这笔钱买只基金。

### 集中财富

财富会因为过度分散而起不到真正的财富聚集增值效应，只有集中才能为自己带来更多的收益。

### 合理使用信用卡

要合理刷卡，按时还款，避免自己成为卡奴，切忌使用信用卡过度消费，否则会让你的钱财越理越少。

> 又要还款了。

> 我不能只听他说，还要再仔细考察下这个项目的风险……

### 慎重投资

投资有一定的风险，投资者需学会把控风险，把控投资风险就能规避资产流失问题。

的时候被公司裁员的原因,而如果我们为了解决自己生活上增加的支出来要求公司给我们加薪的话,也是很难实现的,弄不好就会因此丢了自己的工作。

　　再加上"通货膨胀"就像牙膏一样,一旦被挤出管子外,就很难再收回去。所以通货膨胀一旦发生,就很难在短时间内消失,我们的生活就会进入一个"天天都涨价"的通胀新纪元,看看现在的生活我们就可以体会到。看看现在年近30岁的工薪族,有几个是有房子、车子的?更多的人虽然已经30岁了,还是没有钱结婚,而且在这些人当中,近六成的人薪水不高。通过这些人的财务状况,我们就可以深切体会到在通货膨胀的情况下,积累财富是一件多么不容易的事情。所以,我们在理财、财富累积的时候,一定要想方设法击败通货膨胀这个"吃钱的怪兽"。

## ¤ 通胀面前,不生息的钱就是在贬值

　　相信大家都听过这样一个故事:

　　有一位老人为了防止自己辛苦一辈子挣的钱被偷走,就把钱用报纸包好,埋在家里的地板下面。等到他想要用钱,再把这些钱挖出来的时候,发现钱全都烂掉了。

　　在通货膨胀面前,如果我们手中的钱不能生息的话,就会跟上面故事中的这位老爷爷烂掉的钱一样,持续贬值。一份薪

水，如果还是按照原来的方法使用，我们就会发现，钱真的变得"超薄"了！

很多人谈到通货膨胀，都会有谈虎色变的感觉。其实，通货膨胀和市场经济是一对孪生兄弟，历史几乎一样漫长。但绝大多数时候的通货膨胀都是温柔的，不仅没有危害，对经济还能起到促进作用，只有在特殊时期，恶性通货膨胀才会带来毁灭性的破坏。

急剧的通货膨胀，是指总体价格以 20%、100%、200%，甚至是 1000%、10000% 的速度增长。发生这种通货膨胀的地区，在价格被竭力稳定后，会出现严重的经济扭曲现象，并且会使消费者对本国货币失去信心，运用一些价格指数或外币作为衡量物品价值的标准。

别以为泡沫总是过去的故事，历史总是惊人的相似。我们也相继经历了"兰花泡沫""红木泡沫""普洱泡沫"等。兰花的价格 2006 年一年之内就涨了数十倍，单株兰花的最高价曾达到 2000 元，不过随着媒体的披露，泡沫瞬间破灭；2004 年开始，海南黄花梨、小叶紫檀的家具价格成倍地往上翻，上涨 10 倍以上的家具比比皆是，到了 2007 年下半年，泡沫破灭，许多红木家具的价格瞬间暴跌；2004 年开始，云南普洱茶在国内迅速走红，其价格犹如过山车一样上蹿下跳，有明显被炒作的痕迹，终于在 2007 年中期，泡沫破灭，价格跌幅达 50% 之多。在这样急剧的通货膨胀的情况下，我们那些不生息的钱显得更加苍白了。

在通货膨胀的年代，我们不能把自己所有的钱都定存起来或者放着不动，这样就会给我们带来"亏损"。

为了自己的钱不贬值，我们就得清理出身边不生息的钱，赶紧想方设法让它不断地繁殖生子。要知道，金钱绝对有其时间价值，就如同母牛会生小牛，种子会生果实；但是，如果放着不动，是绝对不会随着时间而增值的。只要我们愿意，价值是可以再创造出价值来的！

## ¤ 想打赢CPI，三招抗"通胀"

在不存在通货膨胀的情况下，每个人都会根据价格去选择职业，比如说，如果作家的报酬高，人们就去写作；如果编程的报酬高，人们就去做程序员……在没有通货膨胀的情况下，所有的价格都是真实反映市场的信息，这样人们总能做出正确的选择。

通胀来临时，我们这样的普通人被愚弄了。过去，有一份年薪2万元的工作，突然有一天，发生了严重的通货膨胀，转眼间所有的物价都上涨了一倍，尽管老板答应年薪提高到3万元，但我们的生活水准还是下降了，因为只有工资到4万元，我们才能维持过去水平的生活。可以说，在通货膨胀的年代，钱更不值钱，这个时候，领死工资的我们，更要学会投资理财，打赢CPI，才能让生活不受影响，才能不降低生活质量。那么，我们该如何打赢 CPI 为自己争取美好的生活呢？

1. 购买银行短期理财产品

银行理财产品最近重新受到工薪族青睐，其中低风险、期限短的固定收益品种更受追捧。目前市场上两个月期限短期理财产品，预期年化收益率达到 3% 左右，半年期产品的收益率一般都能达到 3.6% 以上，一年期产品的收益率大多能达到 4% 以上，远远超出同期的存款利率。通常情况下，银行理财产品的收益会受到资本市场大环境的影响。在通胀压力大增预期下，选择银行产品是有道可循的。但面对繁杂的理财产品，我们要遴选出高收益的品种，策略上应有所侧重。首选挂钩商品类产品，比如挂钩黄金、挂钩农产品的理财产品。

2. 长期可配置黄金

理财专家总是建议我们可以根据自己的资产情况以及风险承受能力配置资产，中长期的资产可选择配置部分能防御通胀的高预期收益资产，如股票、黄金和基金。专家认为全球经济可能面临二次探底，黄金牛市也无须怀疑，因为经济增长前景黯淡会推动对黄金的投资需求。不过也有分析人士认为金价中期将走弱，但每年四季度都将迎来上涨行情。对资金量不大的工薪族而言，分析人士认为不适宜投资实物黄金；考虑到黄金抗通胀特性以及金价已大幅上涨的现状，看好黄金的工薪族可少量配置黄金股抗通胀。由于美元走势对黄金投资影响较大，因此提醒做短线投资的工薪族要多关注美国经济数据以及外汇市场的走势。

此外，宏观经济数据公布后，基金业内人士认为市场流动性宽裕整体格局没有改变，中长期来看，股市上涨可为工薪族提供抵御通胀的机会。

3. 定期存款不宜超过6个月

在通胀预期下，将钱存在银行显然不划算。不过，专家也表示，短期资产可配置一些债券、存款等，但要结合个人的风险承受能力综合考量，较长期限的存款并不一定是最好的选择。考虑到加息预期，存款配置期限可以控制在6个月左右。此外，一般来说，家庭存款比例应保持在总收入的20%～40%，具体比例可以根据自己的风险偏好进行调整。

第九章
# 会存钱，巧赚钱

¤ 赚得多，不如存得多

由于受到"先消费后还钱"观念的普遍影响，现在城市中越来越多的年轻人加入了"零储蓄族"的行列。"零储蓄族"大多受过良好的教育，有较为稳定的收入和不错的社会地位，在城市中属于中等偏上的水平，但他们却很少储蓄甚至不储蓄。这些人尽管每个月都有很高的工资收入，但是工作了几年，自己却没有多少银行存款，一旦有什么急需用钱的地方，就会显得手忙脚乱。可以说，对于工薪族来说，赚得多，还不如存得多。

洪金娜和马金林是一对非常要好的朋友，她们从小就在一起生活，但是大学毕业之后两个人所找的工作不一样，洪金娜找到的工作月薪税后为5000元，公司为其缴纳社保、公积金等，保障较为全面。洪金娜是一个享乐至上的人，所以，虽然每个月的工资很高，但是她工作了两年，几乎没有什么存款。那么，

## 常见的三种储蓄法

投资理财的渠道虽然较多，但储蓄依然是人们理财的主要途径，那么，如何做好储蓄呢？

### 目标储蓄法

想要通过储蓄做到更好的理财，应根据家庭经济收入实际情况建立切实可行的储蓄目标并逐步实施，以实现储蓄目的。

30万元

### 节约储蓄法

在生活中要注意节约，减少不必要的开支，合理消费，用节约下来的钱进行存储，做到积少成多。

必要消费

可买可不买

这一部分用于储蓄。

### 计划存储法

可以根据每个月的收入情况，预留出当月必需的费用开支，将余下的钱区分，选择适当的储蓄品种存入银行，可以减少随意支出，使家庭经济按计划运转。

她的钱都花在哪儿了呢？

洪金娜目前没有男朋友，无家庭负担，每月固定开支如下：房租1000元、通信及交通费200元、餐费800元、购买日用品300元，每月开支共2300元。她把剩余的钱几乎都花在和朋友聚会、看电影和购买一些新款衣服上面，完全没有理财的概念，成了名副其实的"月光族"。当马金林建议她该存些款为将来打算时，洪金娜认为："挣钱就是为了花的，不趁着年轻享受生活，等到人到中年还能有啥乐趣呢，一定要在最好的时光里尽情地享受。"于是，洪金娜心甘情愿地加入了"零储蓄"一族。

而马金林就不一样，虽然她的月工资只有3000元，但是她是一个行动派，从来不做一夜暴富的白日梦，她很早就开始储蓄，积极打理自己的财富。她说，留得青山在，不怕没柴烧。通过储蓄，她已经积攒了一笔不小的财富，并用它们来进行股票和基金的投资。她对于理财，比穿衣打扮还感兴趣，常常是拿储蓄的资金参与各种投资，像亲戚的店铺、朋友的小地摊，都有她参与的股份，获得不少分红。工作两年之后，马金林就已经靠自己的能力买了一套小房子。这也让洪金娜羡慕不已，她很后悔自己没有听马金林的话。

两个好朋友，一个每个月挣5000元，工作两年后却没有一点存款，而另一个每个月只挣3000元，工作两年后就拥有了一套房子。从她们两个人的经济状态中，我们都可以深切体会到，赚得多不如存得多。

有许多工薪族，看似月收入很高，其实几年下来，银行存款并没有多少，究其原因，就是挣得多，但是节省下来存银行的少。一些人认为自己年轻，能赚钱，于是，就赚多少花多少，等到用钱的时候，却拿不出钱，这样的生活方式，极不符合理财的要求。要知道，即使我们每个月有很高的收入也不意味着我们就富有，只有掌握在我们手头的资产非常多，即使自己长时间不工作生活也不会受到影响的时候才能够代表我们真正富有。

虽然现在的储蓄并不能带给我们很高的利息回报，但是我们可以像马金林一样，先把自己的工作所得都存下来，然后再进行投资生财，给自己带来更多的回报。储蓄宜早不宜迟，越早储蓄，我们就会越早得到积累的财产，越早拥有积蓄展开投资。不要再相信"车到山前必有路"了，它带给我们的只会是得过且过的平庸生活。所以，马上开始储蓄吧！时间是最大的资本，越是年轻的人，越是能存下更多的钱！理财初期，我们的钱肯定很少，必须克制自己，先存钱，才能理钱。

## ¤ 别让工资卡"沉睡"

跟大多数聚集在上海张江、北京国贸、中关村等地的精英一样，思雨具备理科背景，智商很高、工作忙碌、薪水丰厚，却与外界接触甚少。自身几乎成为工作的机器，除了每日的餐费、通信费、交通费之外，思雨几乎没有其他开销。因为疲于应付工作，根本没有时间和精力去理财。不菲的薪金几乎全部沉睡在工资卡里，安全有余，增值却不足。

其实像思雨这样让所有的工资都在工资卡里沉睡的做法是一种无形中让自己的资产亏损的做法。因为几乎所有公司给自己员工的工资卡里发放工资，都是以活期的方式进行发放的，那么，思雨工资卡里的钱就是以活期利率来计算利息。现在活期存款利率为0.35%，而据媒体公布2012年8月的CPI比同期上涨了2%，这样思雨工资卡里的钱就相当于是负利率，不是亏损是什么？要知道，在通货膨胀时期，不生息的钱就是在贬值，所以，作为工薪族，我们不要偷懒，别让自己的工资卡沉睡。那么我们该如何打理工资卡里的钱，才能不让自己的工资在工资卡里贬值呢？

1. 活期资金转存定期

定存的利息要比活期的利息高出很多，我们可以把工资卡里的钱转成定期存款。现在各家银行都有自动转存服务。我们完全可以设定零用钱金额、选择定期储蓄比例和期限等，实现资金在活期、定期、通知存款、约定转存等账户间的自主流动，提高理财效率和资金收益率。

2. 基金定投

由于工资卡上每个月都会有一些结余的资金，如果让这些结余资金睡在工资卡里吃活期利息的话，收益极其微小，还不如通过基金定投来强迫自己进行储蓄呢。这个基金定投就是每个月在固定的时间投入固定金额的资金到指定的开放式基金中。这个业务也不需要每个月都跑银行，它只要去银行办理一次性的手续，以后的每一期扣款申购都会自动进行，也是比较省心、省事的业务。虽然钱不多，但是积少成多，聚沙成塔，只要坚持下去，就会像滚雪球一样越滚越大，最后获得丰厚的回报。

3. 开通网银缴费

虽然很多工薪族如今都开通了网上银行，但实际上真正对网上银行"玩"得精熟的人却不多。理财师提醒，网上银行对我们普通的日常费用缴纳也有很大的便捷性，例如水、电、煤气、手机充值等业务的缴纳和充值。

使用网上银行的自动缴费功能后，我们不但可以节省去银行、煤气、水电公司等排队办理手续的时间和精力，同时也可以避免因意外导致拖欠水电费而被扣滞纳金。

4. 存抵贷，用工资卡来还房贷

因为工资卡上都会备有一些闲钱不会用到，而且如果我们有房贷的话，完全可以办理一个"存抵贷"的理财手续。现在很多银行都推出了"存抵贷"的业务，办理这项业务之后，工资卡上的资金将按照一定的比例提前还贷，而节省下来的贷款利息就会作为我们的理财收益返回到我们的工资卡上，这样，就可以大大提高我们工资卡里的有限资金的利用率。

5. 轻松购买理财产品

许多银行都开通了"银证通""银基通""银保通"等业务，

使用银行卡可以轻松地购买各种理财产品，例如外汇、黄金、保险、基金、国债等。使用银行卡购买新上市的基金等理财产品，还可享受一定幅度的折扣或者较高的收益率，而使用银行卡购买理财产品的最大好处就是省时省力，坐在家里通过电话银行服务或网上银行服务就可以了。

## ¤ 先把收入的 30% 存起来

现实生活中，很多工薪族都会认为自己很了解储蓄，也都明白储蓄的重要性，但自己就是没有钱进行储蓄。其实，没有钱不是不储蓄的借口，最主要还是看我们自己愿不愿意存钱。如果自己愿意，那么，无论收入多少，只要留出 30% 的钱储蓄起来，我们就能够拥有存款了。

在美国著名的哈佛大学，第一堂的经济学课，老师只教两个概念。第一个概念是，花钱要区分"投资"行为和"消费"行为；第二个概念是，每月先储蓄 30% 的工资，剩下来的才进行消费。

很多人日后可能会成为成功者，或者通俗意义上说的富人。但其中最主要的原因并非他们是名校出身，而是他们的观念和行为跟普通老百姓有点不一样。在这样一群人中，无论收入高低，他们都有一个财务上的硬指标：收入的 30% 用作储蓄，剩下的钱再拿来消费。

聪明的工薪族会把每月储蓄钱当作一项最重要的财务目标，只准超额完成而绝不能减少。这和一般人的先花钱，然后把消费的结余部分用作储蓄的做法大相径庭，其结果自然也会有天壤之别。

我们可以简单地计算一下，如果我们现在的收入是每个月3000元，把其中的30%存入银行，那么，这样一年存下来，我们就会有10800元的积蓄。10800元和一文不名可是大有区别，要知道，储蓄也是一种投资，储蓄的10800元，收回的时候便不止这么多了。看看那些富人们的资产组成，投资收入可以占到他们收入的一半，甚至还要多。而如果我们也保持对投资的长久关注，将使我们经常保持一种敏感，即便不会获得多高的收益，但是能够帮助我们养成终生投资的好习惯，这更是一件了不起的事情。

杜芝在大学毕业后，先是进了一家软件公司，之后又跳到了一家大型的国有企业。算起来工作已4年了，按说毕业后工资也不算低，但是她始终没有存下钱来。朋友几次跟她说，一定要把工资的30%用于储蓄或者投资，这样，万一以后有突发情况，或者想要进修，就不会太被动。

每每这个时候，杜芝总是说："我知道，但是现在一个月到手的就只有4500元，每个月房租1500元，吃饭1000元，买书、买碟500元，交通费300元，再加上电话、购置衣物、朋友聚会，怎么能省下钱来？'月光'是肯定的，我不做'负婆'就不错了。"

杜芝还坚持这样一种理论：不趁着年轻的时候好好玩，每月存个五六百块钱有什么用？最重要的是找个好工作，否则再怎么省钱也没用！

可是，最近杜芝这种坚持却有点动摇了，她渐渐感受到储蓄的重要性了。原因是2012年杜芝打算换一个工作，于是辞职了。起初她觉得找工作是一件轻而易举的事，不料一直没有找到合适的，她很快就陷入了弹尽粮绝的境地。她打趣说，现在成为彻头彻尾的"负婆"了，早知今日，就应该每个月存一点钱，那样的话至少现在基本开销不存在问题，不会成天烦恼明天的早餐在哪里。

杜芝就是没有先把自己收入的30%存下来，每次发工资就先去消费，等消费完了之后再想着储蓄的事，但是，按照她那样没有控制的消费，怎么可能存得下钱呢？所以，当她失业一段时间后，就后悔自己当初不听朋友的劝了。

根据目前国内的调查，中国城市居民家庭理财方式仍呈现以储蓄为主的局面，储蓄以60%的提及率高居家庭理财方式的榜首。选择储蓄虽然是较为保守的理财方式，但是对于刚大学毕业的新新人类来说，也不失为良计。正如理财规划师说的："年轻人应该先从攒钱开始，收入像河流，财富像水库，花出去的钱就是流出去的水，只有剩下的才是你的财，如果你都是月月光，那你有什么财可理？年轻人一定要从攒钱开始。"所以，储蓄是非常重要的，如果没有一定的储蓄，我们的很多计划都将毫无意义。

机会存在于各处,但只提供给那些手中有余钱的人,或是那些已经养成储蓄习惯的年轻人。养成将工资的30%存入银行的好习惯,其实并不会对我们的生活质量造成多大的影响,但日积月累,有一天我们会发现这笔积累起来的财富可能会起到改变我们一生的重要作用。

## ¤ "四分存储法"让活期存款收益更高

如果我们愿意把储蓄当成自己理财的一个手段,那么,我们就应该懂得存款的品种不同,利率也不同,这样,储蓄技巧就显得很重要,它将决定我们能否让自己的储蓄收益达到最佳化。

众所周知,我们自己的工资都是以活期的方式存进工资卡里的,而现在活期存一年的利率也仅仅是0.35%,可以说,收益微乎其微。也许有人会想,定期的利率比活期高多了,我们就把自己所有的钱都用来存定期不就可以了吗?这明显不行,如果我们所有的钱都用来存定期的话,我们的生活用度怎么办?

何琳就曾经犯过这样的错误,她存了10万元五年期定期,但是第三年,她的儿子要去英国留学,急需3万元,何琳只好提前支取定存,结果损失了一大笔利息。

这么看来,我们不能把所有的钱都存成定期,而且这样做也不太现实，我们总是不可能不用钱的，活期存款的设置就是为了便利我们的日常开支。所以，我们应该将一定量的资金存入活期存折作为日常待用款项，以便日常支取（水电、电话等费用从活期账户中代扣代缴支付最为方便）。对于平常大额款项进出的活期账户，为了让利息生利息，最好每两个月结清一次活期账户，然后再以结清后的本息重新开一本活期存折。不过这样做实在太折腾，而工薪族最没有的就是时间，所以这个做法并不太可取，其实，我们可以利用"四分存储法"，这样也可以让我们的活期存款收益更高一些。

王丽丽在一个服装厂工作，每月的工资是3000元，一开始她总是将自己的工资放在工资卡里，在生活中随用随取，也很方便。后来看到一个同事利用"四分存储法"为自己攒下了不少钱，她也开始学着用"四分存储法"来处理自己的工资。

每个月拿到工资，王丽丽都要把自己的工资分成四份存进自己的活期账户里，其中的1000元用于自己一个月的日常生活支出，这部分钱就继续以活期的方式留在活期账户里，然后在活期账户底下开出三个子账户，一个是存进900元的一年定期，一个是存进600元的半年定期，最后一个是存进500元的三个月定期。这样一来，如果自己预留的1000元不够自己的生活用度，就动用金额最接近的一张或两张存单。这样就可以让自己的资金尽可能多地获得利息。

很多银行的银行卡都可以设置多个账户，如活期账户和多个不同期限的定期储蓄账户。有的甚至可以预先在银行柜台上设立一定的资金"触发点",超过触发点的活期存款,银行系统就会帮我们自动搬家,挪到指定的定期储蓄账户上,能为卡上的现金获得高于活期存款的收益。这样,我们打理工资卡中的钱,也比较方便。当然我们也可以存成更多的存单,但需要较好地管理存单,那些随手弃纸的工薪族最好慎用。

四分存储法适用于在一年之内有用钱预期,但不确定何时使用、一次用多少的小额度闲置资金。用四分存储法不仅利息会比直接存活期储蓄高很多,而且在用钱的时候也能以最小的损失取出所需的资金。

## ¤ 高效打理定期存款,使利息收益最大化

手中有了多余的钱,可一时还没有想好如何消费,那么不妨把钱存起来,等以后用时再取出来。这样,既可以保管钱又可以赚点利息,何乐而不为呢?其实,在我们的身边,很多人都是通过定存来进行理财的。定存对于我们工薪族来说,几乎是最好的选择。

黄阿姨手头有不少资金,但她却最偏爱定存,手上资金有不少用作外币与人民币定存,虽然这几年人民币定存利率偏低,但她还是非常注重保本,并且也运用外币定存赚取较高利率,不管银行的理财专员怎么招揽,她还是把大部分的资金都放在

"定存"上面，因为她认为不管经济局势如何变动，与银行约定好的定存利率绝对不变、绝对保本，能让偏好保守性投资商品的投资人非常放心。

如今，黄阿姨已经退休，由于她从年轻的时候就非常注重理财，虽然一直只是利用银行里的定存这种方式进行理财，如今她的退休生活过得也是有声有色，因为她只靠银行定存的利息，一个月也有3000元的收入。

从黄阿姨的理财经历我们可以看到，银行定存用得好的话，也是一个不错的理财方式。事实上，中国人最爱"存钱"，汇丰保险曾经在上海发布一份《汇丰保险亚洲调查报告》，据该报告，中国的消费者将每月收入的45%用于储蓄，高于其他亚洲各主要市场。从中我们可以看到，虽然银行的利率很低，但还是不能冷却我们存钱的热情。其实，只要我们能够活用定存，也是可以像黄阿姨那样，收获颇丰的。

在进行定期存款的时候，如果把钱存成一笔存单，一旦利率上调，就会丧失获取高利息的机会。但是，如果把存单存成短期存单，利息又太少。既要保证资金的流动性，又希望获取高额利息，那么建议不妨试试阶梯储蓄法。

阶梯储蓄就是先以一、二、三年期的定期方式进行存款，然后把逐年到期的存款连本带息转存成三年期的定期，三年后我们便有了3张三年期定期存折。

假如我们持有6万元，可分别用两万元开设一个一年期、两年期、三年期的定期存折各一份。1年后，我们就可以把到期的两万元一年期存款连本带息转成三年期定期；两年后，可以把到期的两万元两年期存款连本带息转存成三年期定期。这样我们就有了3张三年期的存折，而且此后每隔一年就有1张存折到期。这样，我们既能应对储蓄利率的调整，又可以获得三年期存款的高利息。

另外，有一种"十二存单法"可以将每个月工资的10%~15%拿来存定存，然后每个月都这么做。这样，一年就有12笔一年期定存，等于第二年开始，每个月都有一笔定存到期。如果手上不缺钱，就可以继续加上新的存款续作定存；缺钱的话也可以直接将到期的钱拿来使用，这样，也有强迫储蓄的效果。尤其，每个月看到一笔定存到期，那种感觉应该是很开心的。

对于普通人而言，重要的不是获得最高的收益，而是获得有保障的收益，通过储蓄实现合理的资产配置。因此，我们在积累财富的过程中，要充分利用这种连月存储法，让自己的资产配置达到最优，最大化自己的资金收益。

## ¤ 谨防储蓄中的破财行为

就像世间万物一样，储蓄也有一个度，存少了，不足以规避风险；存多了，赶不上通过膨胀的速度。可以说，在储蓄的过程中，如果处理不当，不仅会使利息受损，甚至有时会令存款消失。所以一定要谨防储蓄中的破财行为，不要让自己的财富白白流失。

小雨大学毕业后工作已经5年了，这5年来小雨省吃俭用，在工资卡里存了不少钱。本来她觉得这就是理财了，就能够为自己留下很多钱了。但是在去年的国庆节上，她听到一个关于理财的讲座，了解到任由工资在工资卡里躺着也是一种浪费之后，就把工资卡里的20万元全都取了出来，存成了一个5年期的定期存单。她想：在所有的存款种类中，整存整取的5年期利息最高，有5.5%的利率，而且又不用那么折腾。

正当小雨做着自己也可以靠钱生钱的美梦的时候，爸爸从家里打来了电话，奶奶生病急需10万元做手术，让小雨立马汇钱回家。小雨一想，自己的钱都存到银行了，还得4年才到期呢。但是这些钱要得那么着急，又没有找到能够一下子借她这么多钱的朋友。没办法，小雨只好到银行取出自己才存了1年的5年期整存整取的存款。银行支付了她201013.89元。小雨觉得很纳闷，自己的20万元已经存了1年，当时定下的利率是5.5%，怎么获得利息就这么点。银行的人员告诉她：整存整取的定期存款，如果还没有到期就提前支取的话，是要按活期的利率来计算利息的，所以，小雨的利息就是那些。银行的工作人员说得有理有据，小雨也只好作罢，赶紧往家里汇款。

如果小雨的钱一直存了5年到期的话，她连本带息应该拿到的是 255000 元钱,因为她提前支取而损失了超过 5 万元的利息,这是一笔不小的损失啊!

虽说目前银行部门可以办理部分提前支取,其余不动的存款还可以按原利率计算利息,即使这样,未到期提前支取还是会损失一些利息费用,不如把钱分成小份,存成不同的期限,这样就可以减少提前支取的概率,尽可能地减少损失。

如果小雨当时把这 20 万元分开来,一份存为一年期,一份为两年期,一份为三年期……那么,在家里急需用钱的节骨眼上刚好有一笔到期,或者如果还差几天才到期,可以先找朋友凑,等过几天把钱取出来再还给朋友,这样就避免了因为提前支取而损失利息。

为避免这种不必要的损失,在进行银行定期储蓄存款时,我们可以尽量巧妙安排储蓄存款的金额,比如有 10 万元存款,不妨让存单呈金字塔形排列,可以分存 1 万元、2 万元、3 万元、4 万元各一张。这样一来,无论自己提前支取多少金额,利息损失都会降到最低。

还有一种做法也是不可取的,就是不注意定期储蓄存单的到期日,往往存单已经到期很久了才去银行办理取款手续,殊不知这样已经损失了利息。

因此,对每一个存单我们都应该经常翻翻,一旦发现定期存单到期就要赶快到银行支取。

定期存款的利率比活期高,很多人都知道。如果定期存款到期后，我们不去银行重新转存定期，那么储蓄存款超期部分银行就会按活期利率计算利息，这样一来，就会损失不少利息收入。如果存款金额更大一些，逾期时间更长的话，利息损失就会更大。

要知道，在银行进行储蓄存款，不同的储种有不同的特点，不同的存期会获得不同的利息，因而如果在选择储蓄理财时不注意合理选择储种，就会使利息受损；而如果在储蓄的过程中有操作不当的地方，也会让自己的财富白白流失掉。我们在储蓄的时候，一定要注意各方面问题，尽量避免让自己的财富流失。

## ¤ 用好你的银行卡积分

现在，没有工薪族没有银行卡吧？在我们入职的那一天，用人单位往往都会要求我们去某个特定的银行办理一张银行卡，以便于发放工资。在所有人的认知中，银行卡是用来存钱的，不过如果我们的银行卡还只是用来储蓄的话，我们就落伍了。

随着银行业的发展，其业务逐渐增加，银行卡增加了很多功能，如网上支付、电子银行、银行卡积分等。其实，很多人对银行卡可以积分这个功能不是很了解，在他们的眼中，银行卡只有取款、存款、消费、交费等功能，其实银行卡的增值服务和个性化功能是相当丰富的。

在大部分POS机上刷卡消费的话，银行都会反馈一定的积分到我们账户上。有的银行卡每消费20元才反馈1个积分，有的则是每消费 1 元就可以有 1 个积分的回报。当然,银行卡的积分并不一定只是以刷卡消费这一条途径获得的,如果参加银行主推的银行卡业务活动的话,我们就能够得到更多的积分奖励。像办理基金、理财、第三方存管、保险、黄金、开卡、信用卡分期付款、网上银行等业务,都可获赠积分。不过,当我们银行卡里积攒了一定的积分时,我们应该如何用好这些积分呢?

钟世展从一开始工作,就进行刷卡消费了,他不管自己消费的是多少钱,只要能够刷卡支付,他都会选择用银行卡刷卡消费。这样,一年下来,他一共积攒了 9000 多积分,不过他并不知道刷银行卡消费的时候有积分这么一回事,他只是图个方便而已。直到年底他接到了一条他的积分即将过期的通知,他才知道有积分这回事。

不过,他按照短信提示的网址去兑换礼品时,发现实用点的东西都要 15000 分以上才能兑换。例如,一把雨伞要 15000 分、一个 3 件套乐扣饭盒需要 23000 分、一个剃须刀需要 61000 分……而他的账户里只有 9000 多积分,根本没法换到好的东西。不过如果不换的话,积分又会被清零,所以,最后他只好换了条毛巾,对此,钟世展感到很不是滋味。

钟世展用 9000 积分只兑换了一条毛巾,这让他觉得很不值得,但是,如果自己不兑换的话,积分又会被清零,挺浪费的,这样看来,银行卡的积分有点鸡肋。确实,如果我们兑换得太早,会因积分太少而选不到心仪的物品;兑换得太晚,积分又有可能过期。那么，我们该怎样做才能让我们银行卡里的积分发挥最大的用途呢？

1. 用积分参加抽奖

有些银行卡的积分可以参加抽奖活动，需要的积分相对来说要少很多，如果我们参加这样的活动，就有机会获得一些超值的回馈，比如华夏银行 2000 积分能兑换彩票 1 注，中信银行 2500 积分可以参加 100 元机票金抽奖一次。如果我们的彩票中奖了，那我们就会有实实在在的资金回馈，如果我们抽到了 100 元机票金的话，那我们也可以为自己省下 100 元的资金。俗话说，省下 1 块钱就等于赚到了 1 块钱。所以，当我们的账户里积分不多的时候，就可以参加这样的抽奖活动，让积分能够有机会发挥出最大的功用。

2. 活用转让

如果我们持有一家银行的多张银行卡，可以将积分集中到一张卡中，从而增强积分的兑奖效果。另外，亲朋好友之间也可以进行积分转让，比如我们即将从银行贷款，这时可以让亲朋好友把不用的存款积分转让给我们，从而享受更多的贷款利率优惠。

3. 在银行搞活动的时候兑换

为了推销自己的产品，很多银行都会推出很多的活动，在活动期间可兑换的礼品比平日更丰富，兑换率更高，兑换渠道也更多样。所以，我们在银行做活动的时候进行积分兑换最划算。

第十章
# 做好投资组合，
# 资金分配决定投资成果

¤ 做好配置，资产绝对不缩水

在通货膨胀的当下，工薪族要使自己并不丰厚的薪水保值和增值，使自己的孩子能接受现代良好的教育，使自己的晚年不致陷入贫病交加的困顿之中，工薪族必须及早树立终生理财的投资理念，做好资产配置计划。

目前很多工薪族不了解资产配置，一些人认为把钱买成理财产品，就等于做了资产配置；一些人把短期不用的钱存活期，把长期不用的钱买成短期理财产品，也认为是进行资产配置了，其实这些人都存在误区。

在现代投资管理体制下，投资一般分为规划、实施和优化管理三个阶段。投资规划即资产配置，它是资产组合管理决策制定步骤中最重要的环节。对资产配置的理解必须建立在对机构投资者资产和负债问题的本质、对普通股票和固定收入证券的投资特征等多方面问题的深刻理解基础之上。在此基础上，资产管理还可以利用期货、期权等衍生金融产品来改善资产配置的效果，也可以采用其他策略实现对资产配置的动态调整。不同配置具有其特有的理论基础、行为特征和支付模式，并适用于不同的市场环境和客户投资需求。

资产配置不仅仅是资产上面的，还涉及资金如何合理利用等问题。一些工薪族认为手中的闲钱只有短短几天不用，是不是不用做资产配置，其实不是这样的，人人都适合做资产配置，即使是今天不用后天要用的钱也可以为自己赚取利息。

鸡蛋不能放在同一个篮子，相信这句话每个人都听过，但到底应该怎么放呢？

这是比较难决定的，但都离不开投资需求，只要以投资需求为中心展开资产配置，都是合理、可采用的。资产配置的主要目的是通过市场变化来调整不同的投资产品，通过不同投资产品的搭配来提升收益率，用来抵御通胀甚至创造较高回报，如果市场发生变化了，投资方式还是以前的，那结果肯定是有差距的。

在进行理财时，工薪族需要根据自己的情况和自己家庭的情况，制订相关的理财投资计划。下面以小琴家的资产配置规划为例，说明工薪族应该如何进行理财投资规划。

小琴和老公都在外企工作，合计月收入9000元，平时每个月支出3000元左右，二人都有社保。小琴夫妇拥有一套125平

## 分散投资，分散风险

分散投资是一种经得起时间考验的投资策略。

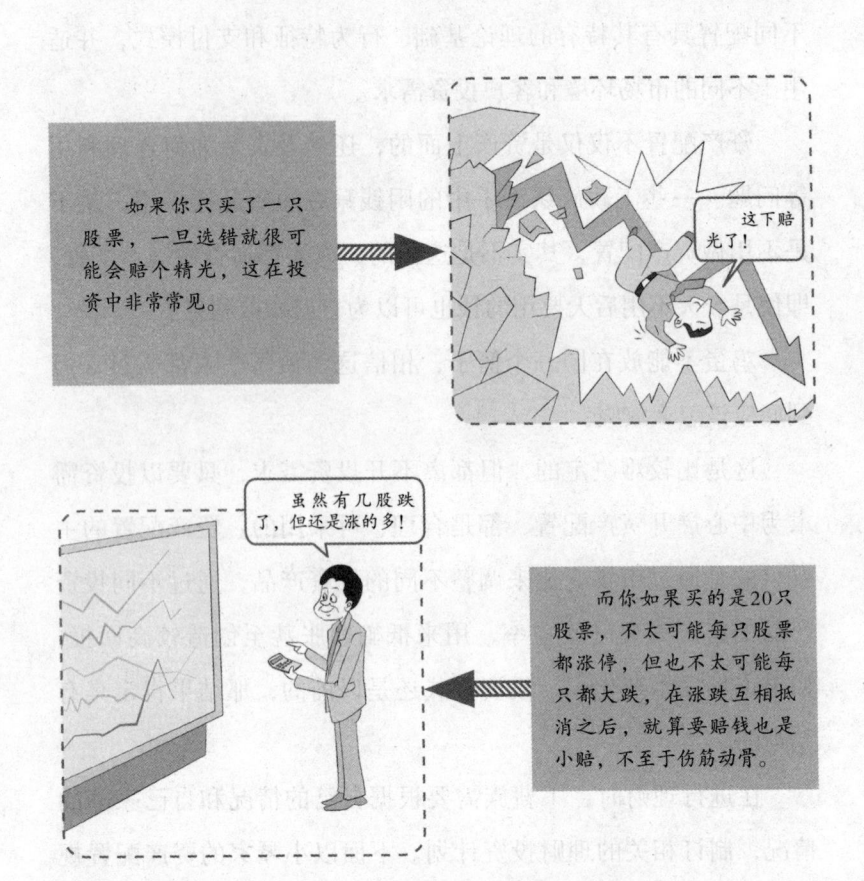

如果你只买了一只股票，一旦选错就很可能会赔个精光，这在投资中非常常见。

这下赔光了！

虽然有几股跌了，但还是涨的多！

而你如果买的是20只股票，不太可能每只股票都涨停，但也不太可能每只都大跌，在涨跌互相抵消之后，就算要赔钱也是小赔，不至于伤筋动骨。

很显然，把全部的钱投资在一只股票上的风险，比分散投资在20只股票上的风险要高得多。

方米的商品房，价值约55万元，活期存款3万元，定期存款1万元，国债2万元，商业保险现值18000元，基金3万元。

这对小白领夫妇的理财意识很强，在理财方面也有一定的心得和经验。但是，小琴夫妇俩的家庭资产不多，若分得太散，就会降低资产的整体收益情况，因此，对于这个年轻的家庭来说，其投资组合还有需要改善的地方。

一方面，家庭的保本型理财规划占了较大比例，而且主要以活期存款为主。为家庭留出备用金的做法是值得肯定的，但是不宜太多，可以以货币基金、短期理财产品的形式预留，而不必以活期存款这种收益低的方式。另一方面，家庭在成长型投资上的基本投入可以适当加大，因为小琴夫妇比较年轻，暂时没有负担，可以将家庭资产侧重投资于股票型基金或配置型基金，这样可以提高家庭资产的投资收益。

做好资产配置，是有效防止个人工资缩水的好办法，由于每个工薪族个人和家庭情况不一样，资产的配置也是不一样的，工薪族需要根据自己的实际需求做出合理的判断，从而制订合理的资产配置方案。

## ¤ 组织你的"投资队伍"

资产配置看起来，就是不要把所有的鸡蛋都放在同一个篮子里面。但现在摆在投资者面前的篮子很多，手上的鸡蛋却有限,怎样才能把有限的鸡蛋更好地分配到篮子里面呢?

工薪族在组织自己的"投资队伍"时需要考虑的因素主要有三点。

1. 财产风险属性决定投资工具的选择

个人或者家庭资产积累状况、未来收入预期、个人或者家庭负担等诸多因素都决定了家庭的风险承受能力。与风险考量相结合,才能更好地选择适合自己的理财投资工具和相应的投资比例。

2. 理财目标决定投资期限的长短

要对财务资源进行分类,在日常支出之外优先满足理财目标,构建核心资产组合;将闲钱配置于更高风险的资产,构筑周边资产组合,在保障家庭财务安全的基础上进行更激进的投资。上述两者相结合,再进一步得出具体股票类资产、债券类资产、现金类资产的配置比例。

3. 构建适应市场的资产配置

这是工薪族理财保值增值的关键因素。在大的经济周期中,投资市场状况决定投资方式的选择,应该通盘考虑期货市场、债券市场、股票市场乃至其他投资市场的走势,及时调整投资方式和投资的产品种类。

在对自己的风险和收益进行综合考虑之后,就要考虑用适当的方法进行"投资队伍"建设了。目前,国际上流行一种名为"四分法"的"投资队伍"的设计方案。

翁先生和妻子是大学同学，工作多年后翁先生决定不再给别人打工，于是辞职开始了自己的创业生涯，经营数码产品生意。妻子则是一边工作一边帮助翁先生打理生意。

　　目前，翁先生并没有固定房产，有两个约10万元的商铺，股票8万元，流动资金24万元，两个店面月销售额达到60万～70万元，毛利4万～5万元，除去每个月2万元的费用（包括家庭支出），月平均净利润在2.5万元左右。他们有一个儿子，今年4岁，正在上幼儿园。由于夫妻二人都忙于打理两个店面的生意，并没有太多的时间来规划理财。他们希望理财师能给他们相应的建议，在让家庭资产稳定增值的同时，也能让他们拥有老年生活保障和足够的孩子教育经费。

　　理财师认为，从收支平衡四分法来看，翁先生也可以将日常支出（包括衣、食、住、行、育、乐等）控制在年收入的40%左右；鉴于对人生风险的防范和控制，用年收入的10%作为防备风险的控制基金，购买保障性保险；年收入的30%可用作短期投资目标，用于消费周期性储蓄，可投资货币市场基金、活期存款、短期定期存款、短期债券基金等流动性强的金融投资产品，最后的20%作为中、长期投资目标，主要为退休养老做好理财准备。

　　理财师根据翁先生家庭的基本情况，对于这个家庭的理财做出了规划建议。这种建议属于比较典型的"四分法"投资分配计划。

这种理财方案,将理财分为四种类型,即保本型、收入型、成长型和投机型,各种类型的投资理财方案的收益都与其风险成正比。如果我们将自己的财富划分为这四个部分,再按比例进行配置,就能兼顾收益和风险了。

按照这种理财方案的规划,保本型理财占总规划的45%,收入型理财占总规划的30%,成长型理财占总规划的20%,投机型理财占总规划的5%。保本型理财方式主要为银行存款和传统寿险,其中,银行存款占36%,传统寿险占9%。收入型理财方式主要分为分红保险、债券基金和国债,其中,分红保险占10%,债券基金占10%,国债占10%。成长型理财方式分为房地产、基金、股票和万能保险,其中,房地产占5%,基金占5%,股票占5%,万能保险占5%。投机型理财方式分为收藏品、彩票、期货和期权,其中,收藏品和彩票占1%,期货占2%,期权占2%。

对于财富积累不多的工薪族来说,可以将财产主要用于保本型和收入型两个理财方向上,并适当加大保本与收入类型的比例。而如果是财富已经积累到相当数量的高薪人士,则这四个类型都适用,可根据个人喜好适当增加或减少各部分的比例配置。

工薪族在进行"投资队伍"建设时,要坚持健康且有弹性的投资之道,把人生不同阶段的各种投资计划,通通放到个人理财架构内,并对投资行为进行宏观调控。通过综合把握和管理，尽早实现自己设定的投资理财目标。

## ¤ 你有多了解自己的投资组合

一般来说，我们投资生财，很少只选择一个投资产品进行投资，大多数会有两到三个，甚至四五个。这其实就是一种投资组合，但是并不是所有进行组合投资的工薪族，都对投资组合有比较清楚的认识和了解。

投资组合，又名资产投资组合，所重视的是资产，例如股票、债券、外币、期权、贵金属、衍生性金融商品、房地产、土地、古董、上市公司地位（俗称"壳"）、艺术品及红酒等。一个投资组合是一个投资者手上持有的资产性投资组合的成分，其中可分为进取型、保守型等。一个优质的资产投资组合最理想的是具有高流动性、平稳及较高收益、低投资风险等。资产投资组合的成分不会包括消费品，例如跑车、电视机、化妆品、成衣等，因为它们都并无增值潜力，甚至折旧。

如何了解自己的投资组合？工薪族在购买投资产品之前，除了以往业绩，还应清楚基金投资了什么或是怎样投资，从而判断其是否符合自己的理财目标。

阵形安排作为足球比赛中一个最基本的概念，其中包括了一个教练团队对队员的了解以及根据队员特点做出的人员配置。调配好阵形才能发挥每一个队员的特色，并且要随着对手的变化相应进行微调。从投资理财的角度，工薪族也应该根据市场情况的变化来调配自己的投资组合阵形。只有清楚知道市场需求和自己的理财目标，工薪族才能进行具体的投资组合调整。

结婚才半年的周先生和妻子回到国内。目前周先生是一家股份制商业银行信贷部门经理，妻子也在某知名外企做财务总监。由于长期生活在国外，他们对国内的投资理财工具和规定不是很熟悉，所以想请专家设计一份稳健而有一定回报的投资方案。

目前夫妻俩的现金和银行存款共有50万元，但生性稳重的夫妻俩对风险较大的投资方案不予考虑，追求稳定的投资回报率。夫妻俩的月收入为1.7万元左右，划出每月的基本开销，月结余在1.5万元左右。再加上年终奖金3万元，家庭的年结余在18万元左右。

理财师给出的建议是，他们可以采用多管齐下的投资理财方式。由于周先生和妻子现有较多的个人流动资产可以投资，其中，现金20万元，活期存款30万元。可以将现有资产中的35%（17.5万元）投资于债券基金；20%（10万元）投资于指数基金（该部分投资为中长线投资）；20%（10万元）投资于银行理财产品；10%（5万元）存入银行；5%（2.5万元）购买保险。这样的比例分配主要是出于提高客户资产流动性和提高中长线综合收益的考虑。

初步预计这样的投资组合产生的收益可以达到平均每年5%

左右，其中：债券基金部分3.5%；指数基金8%；银行理财产品4.5%；银行利率收益1.5%左右。这当然有一定的风险，但是这样的投资组合，风险比全部买股票要小很多。

在理财师的帮助下，周先生夫妇对自己的投资组合当中的问题和可以改善的地方，进行了深化的改造。

构建组合进行投资十分必要，组合可以很好地分散风险，调节收益。它既"不把所有的鸡蛋放到一个篮子里"，又可以"随时剥离不良资产，优化资金效率"。举例来说，组合中往往需要配备一部分流动性较好的资产，如银行存款或纸黄金账户头寸，如果组合中的股票突然跌价，且跌价很大，价位探底，你可以很快地从流动性资产中抽取现金，买入低价股票，从而冲淡损失。

另外，就组合各资产权重来说，依据风险偏好类型来确定。如果你是风险偏好型，可以在组合中把高收益资产的权重放大些，例如资金的70%投入股市，20%投入基金，10%投资债券。如果你是风险规避型，可以在组合中把高风险资产的权重放小些，例如资金的30%投入股市，40%投入基金，30%投资债券。

凡事三思而后行。在着急进行投资的时候，工薪族不妨回过头来想一下：自己到底有多了解自己的投资组合，进而思考自己的投资组合是否有可以改进之处。

## ¤ 为什么要同时投资雨伞业与观光业

在一个小岛上，只存在两家各自经营雨伞业和观光业的公司。在无雨的季节中，观光业处于赚钱状态，而雨伞业就会亏钱。相反，到雨季时，雨伞业就可以赚钱，可是观光业会亏钱。雨伞业在雨季和无雨季节中的回报率分别是50%、-25%，观光业分别是-25%、50%。

这个岛上的两家公司受到天气影响较大，赚赔全靠老天赏脸。如果将全部资金只投入其中一家公司，不论是雨伞业还是观光业，回报率都会随着天气变化而上下波动，一下子赚50%，一下子亏25%。也就是说，假设你手上有10万元资金，若全部都投入雨伞业，雨季时就会赚5万，可是观光季节时却亏损2.5万元。如果这10万元资金全部投入观光业，刚好和雨伞业相反，观光季节赚5万元，雨季亏损2.5万元。

那么在这种情况下，如何获得最大的资金投入收益呢？

在雨季时与观光季节收益率相等的时候，投资其中任何一家公司的平均回报率也只有12.5%。这种投资绩效随着天气变化较大，如果想避免这种情况，投资者可以将资金分半，同时投资两家公司，即雨伞业投资5万元，观光业也投资5万元。这样，雨季时，虽然观光业得赔1.25万元（5万元的25%），但是雨伞业可以赚2.5万元（5万元的50%），总共赚了1.25万元，总投资回报率为12.5%。再看看观光季节时，两者恰好相反。

观光业赚2.5万元，可是雨伞业赔1.25万元，总共也是赚1.25万元，总投资回报率一样也是12.5%。也就是说，当把资金分半投资两家公司时，赚赔就不再受天气左右了，不论天气好坏，通通都会赚1.25万元，随时都在赚钱。

这就是美国教授马尔基的"岛国经济理论"，这条理论旨在介绍如何通过资产配置来抵消投资中不可预料的风险。通过分散投资的方式，即便是岛上下雨，或者完全无雨，也能够保证自己的最终收益。

资产配置当中的"配"，就是资产分配的意思，主要意义是说如何将投资的资产分配到适合的比例，目的是让总资产净值不但会扶摇直上，而且不会上下波动。高收益伴随着高风险，资产配置是分散投资风险的必由之路，以指导我们如何减少投资风险。

也许有的工薪族对资产配置过程并不理解：一个资产上涨，另一个资产下跌，那么两者的资产收益岂不会最终相互抵消？其实不然，资产投资当中出现的波动是指在平均回报率上下波动，所以当波动相互抵消时，就会得到没有波动的平均回报率。以上面雨伞业和观光业的案例来说，季节好时可以赚50%，季节不好时却得赔25%，如果不想有时赚、有时赔，最好的方法是各投资一半，让平均值外的赚赔相互抵消，留下来的就是永远的平均值12.5%。岛国经济理论主要说明，一个完全反方向的"负相关"资产组合，就不会受到气候的影响，不论天气好坏都可以得到稳定的回报值,投资者不必忍受上下波动的痛苦。

做好相互抵消风险的资产配置后,即使什么都不做,只是买了放着,然后长期持有,也不用看盘,资产仍可稳定增值。

过往10年,很多工薪族都非常喜欢把闲置资金砸进房地产,实际上这是一种非常危险的做法,因为世上没有只涨不跌的资产,股票、债券、黄金、能源、房产皆如此。我们无法预测各种资产未来的涨跌,但可以科学利用它们之间风险的不相关性抵消彼此的波动风险,赢取合理的长期平均收益。

投资理财通常没那么神准,不可能只靠投资一项就获得不错的收益,只押一个宝,那不叫投资,而是赌博。

岛国经济理论虽然是一个假设,但是对于工薪族的投资理财有非常好的借鉴意义。由上可见,在投资理财当中,工薪族要尽量选择相互会抵消变化的资产,将这些资产速配起来,让配置后的总资产可以平稳地以平均回报率往上攀升。

## ¤ 越不相关,越速配

经历了2007年的金融海啸后,很多工薪族开始对投资产生绝望。有的工薪族会想,真是倒霉,居然碰到金融海啸。其实,不论全球还是局部地区,每几年就会来一次,只是每次出现的形式有所不同。

任何时候，工薪族都不可能完全不碰投资，因为经济发展中"通货膨胀"这个因子会让你的本金实际贬值，不靠投资你的资产就只能缩水，而非保值增值。为此，还是得做一个能打败通货膨胀的资产配置。

即便是偏保守型的投资商品也有风险，所以建议工薪族，在选择投资工具上，要从"我的资产是否可能整个被摧毁"的角度去思考。但要怎么在资产配置中，进一步选择速配的不同资产呢？简单来说，就是要找回报率是负相关的两种资产。

那么，什么是负相关呢？

负相关是统计学中相关系数的一部分，了解负相关需要先了解相关关系。

当一个或几个相互联系的变量取一定数值时，与之相对应的另一个变量的值虽然不确定，但它仍然按某种规律在一定范围内变化，变量间的这种关系，被称为相关关系。

相关系数的范围在 –1 和 +1 之间，用来表示两者的相关程度。两个变量中，一个变量增大，另一个变量对应值也随之增大；或一个变量值减小，另一个变量对应值也随之减小，两种资产的回报率走向一样时，两者就是正相关，关联程度用 0 ~ 1 的值来描述，"+1"称为"完全正相关"。相关系数是"0"时，也称为"零相关"，就是两种资产回报率各走各的，完全没有任何关联性。而资产的回报率走向刚好相反时，就称为"负相关"，关联程度用 –1 ~ 0 的值来描述，"–1"就称为"完全负相关"。

理想的资产配置相关系数为"–1",表示走向完全相反,一个赔但另一个会赚;越接近"+1"越不好,表示一个亏,另一个同时也会亏。

如果工薪族一不小心选择了相关系数是"+1"的不同商品,万一遇到金融风暴,那么所有的投资产品就将面临灭顶之灾。思维一改变,工薪族在投资理财中就不会把所有的钱都押在单一商品或单一金融机构上,比如认为自己是风险厌恶型投资者,就把所有资金投在保守型固定收益产品上。

把两个正相关的资产配置在一起,因为两者涨跌脚步一致,就没有机会相互消除波动。如果希望资产间的波动可以相互抵消,两者的回报率就必须是相反的走向,或者至少不一致。也就是说,必须找负相关的资产才能速配成功!然而,在现实投资环境中,要找到完全负相关的投资标的,是比较困难的,所以只要找到一定程度的负相关资产就可以了。

在负相关之外,在理财投资中应存在另外一种相关关系状态,这就是零相关。

北京的一家肯德基餐厅和天津的一家肯德基餐厅,在没有展开特别促销活动的情况下,两家快餐店在某一个时间点上卖的6元早餐组合,你觉得有没有关联?

正确的答案是:两者的关系应该是零相关,因为在某一个时间点上,在北京的这家肯德基餐厅的6元早餐组合卖得好不好，都不会影响在天津的这家肯德基餐厅6元早餐组合的销售。因为在这两家肯德基进行消费的顾客几乎没有重叠，两家店的销售是独立的。

一般来说，这两家快餐店卖的6元早餐组合，每天都会在平均值上下变化，某些天销量多于平均，某些天销量又少于平均。因为北京的肯德基餐厅和天津的肯德基餐厅没有关联，所以就有一半的机会是一家销量比平均多，另一家销量比平均少。根据数学概率来看，有1/4的机会是两家销量同时都比平均多，也就是状况一；也有1/4的机会是两家销量都比平均少，也就是状况四。剩下的部分就是一家销量比平均多，另一家销量比平均少，就是状况二及状况三，这两种状况加起来总共占了1/2的机会。

这说明：只要两者相互没有关联，就有多达一半的机会是可以相互抵消的，一个多于平均，另一个少于平均，两者相加刚好相互抵消，结果等于平均值。

上面说到的两家肯德基店属于一种零相关的状态。在投资当中，处于零相关的两种资产间并无任何关联，例如房地产和债券的回报率就几乎是零相关。股票的报酬靠公司的获利，然而债券的报酬却是看利率的变化，两者的相关性就很小，零相关的资产也可以作为资产配置时的选择。

资产净值上上下下的波动像云霄飞车一样，让人很不舒服，可能心脏很健康的人才受得了。在工薪族的投资理财当中，零相关与负相关都是好的投资组合，都会消除波动，零相关的效果比负相关小一些。只要确认投资回报率的平均值是正的，虽然有时候回报率会高于平均，有时候会低于平均，但只要是两个互不相关的资产，就有一半机会可以消除这种波动。

工薪族如果选择的股票型基金及债券型基金的平均回报率均大于零，长期持有这两种资产，即使不用特别操作，整体资产也会自行按平均值往上涨，且波动状况也会因为两种资产的组合而下降。

## ¤ 规划资产来保障自主自尊的人生

资产配置看似是一个技术层面的问题，实际上却是工薪族在投资理财领域一个重要而基本的思维方式。

从资产大类来说，家庭财产中房产、金融资产、另类资产（如古玩字画等）是常见的组合，少数家庭资产中还包括经营性的资产。其中各个大类的占比是判断整个家庭资产配置是否合理的重要依据。比如很多工薪族家庭因为购房而使房产在整个家庭资产中的比重过大，则一定程度上使家庭抵御风险的能力降低，并有可能失去投资机会。

由于不同年纪、不同家庭的工薪族所能承受的风险不一样，因此风险性投资的比例，就应随着个人的家庭和年龄做出调整。

下面按照年龄进行划分，为工薪族的资产配置做出计划，以供借鉴。

25岁（单身期）理想资产配置：对于一个刚刚踏上工作岗位的工薪族来说，前途充满希望，工作机会非常多，不用担心失业问题；通常也还没结婚，更没有小孩需要抚养；父母可能也还有收入。这个阶段的人，不必养家，在经济上几乎没有任何压力，所谓的"一人吃饱，全家不饿"，对风险的忍受程度是非常高的，即使暂时投资失利，因为还有工作收入，也不用担心生活会出大问题。

这一阶段的工薪族将来是否会富有，就靠投资回报率来决定。但风险与回报率是一体两面的，回报率高的投资商品，风险一定高。具体来看，股票、房地产都属于高回报率的投资产品，都是不错的选择，这些高回报率的资产配置比例就应该比较多，一般来说，至少可以占到资产的60%~70%，剩下的30%~40%才考虑债券、定存和货币型基金等较低回报率的投资商品。至于其他的衍生性金融商品如期货及选择权等，因为投机性质居多，并不建议买入。

35岁（三明治期）理想资产配置：虽然现在晚婚或不婚族群越来越多，但是根据中国人的观念，一般到了35岁基本上开始进入人生的另一阶段——成家、养孩子、赡养父母。这一阶段人生的财务负担最大，所以进行资产配置也是十分必要的。

在这一人生的中间阶段，随着小孩成长、双亲年老，生活费用也会每年增加。此阶段的工薪族可以把房地产纳入资产配置的内容。以目前的房价而言,缴交的贷款将会占据大部分的收入,的确比较辛苦。这时候如果还有余钱投资,就应该选择更稳健的资产配置,股债的比例应该各占一半。

50岁(退休前)理想资产配置:当年纪越大时,家里的负担就越来越重,这时小孩子也已经长大基本处于大学阶段,所需要的费用大大增加。生活中必要的开销会随着年纪而增加,体力却随着年纪增长而下降。到了一定年纪,工作机会越来越少,这时万一工薪族有个什么闪失,手里没有一些积蓄,生活就会立即陷入困境。

张晚秋今年45岁,外企职能部门主管。儿子20岁,现读大二。2002年,张晚秋经过对房地产市场的多方面了解,决定按揭再投资一套200平方米的房产。房产出租后,每月租金用于还贷和补充日常生活开销,月供按揭现已还清。张晚秋另有银行活期存款约20万元,有社保,无商业保险。

张晚秋依靠房子的租金,加上过往积累的一些储蓄,生活上还算富裕。经历了中国房地产的黄金10年,张晚秋的房产也得到了大幅升值,市场价已达约1250万元。2011年,随着精诚理财提出财富管理的理念,经过对张晚秋资产的深度分析,以及与张晚秋的深入沟通,决定对其财富进行重新配置。主要是卖掉2002年投资的房产,重新再配置一套住房约580万元,剩余资金用于在资本市场的重新配置。

张晚秋当年投资房产的决定,从财富的积累角度看无疑是

## 人生阶段不同，投资方向不同

不同的人生阶段，面对的理财目标与资金大小都不太一样。

**单身时期**

单身青年应提高储蓄率，有计划地积累第一桶金，既为今后扩大投资奠定基础，也为结婚、置业做好筹划。

**家庭成长期**

教育金筹集在这一阶段最重要，孩子从小到大连续支出的总金额可能不亚于购房花费。在保险需求上，人到中年，对养老、健康、重大疾病的需求较大。

**退休养老期**

理财专家建议，退休后就应该健康第一，财富第二。老年人的主要收入是退休金、积蓄和理财收入，风险承受能力弱，保本最重要。

成功的。房产等有形资产是否能够跟过去一样作为财富积累以及传承的主要角色,是我们每个人都要仔细思考的问题。

该阶段工薪族的投资风险忍受度极小,除非身边有不少现金,否则投资就必须非常谨慎,不可贸然投资太多高风险商品。资产配置比例必须以固定收益型商品为主,股票型基金为辅,比例最好是50%的债券型基金,40%的股票型基金,剩余的10%用于购买保险。然后再随着年纪的增加慢慢地调整资产配置的风险比例,尤其是在退休时,债券型基金加上定存的比例,最好占整个资产的70%以上。

上面的资产配置可以提供给大约在25岁、35岁、50岁的工薪族做参考。当工薪族从这三组资产配置中,领悟到资产配置的精神,在衡量自己愿意或能够承受的风险时,就可以根据自己的具体情况,进行专属自己的理想配置。

## ¤ 监督投资:不用频繁看报表

工薪族在工作中一定遇到过好老板,也遇到过坏老板,最糟糕的老板要么就是连最简单的工作也要指手画脚,要么就是全部放手不管,常常使员工不知道要做什么才好。

其实,管理自己的投资组合也像老板管理员工一样,你的基金经理或者理财规划师,绝对希望你像那种最受员工欢迎的老板那样来对待他们的投资工作——关注他们的所作所为,却不会直接插手（除非有必要这样做）；仿效他们的观念，但也给予他们发挥的空间；可以对偶尔的小错误睁只眼、闭只眼，但绝不会对经常性的错误手软。

在投资理财的过程中，工薪族需要具有监督和核查投资效果的能力。

张子茜2002年毕业，专业属于工科类，按照以前的说法是三代贫农，家里并没有什么有权有势的父母和亲戚。在毕业5个月后才找到第一份工作，但是很对口。慢慢有了一些稳定的积蓄之后，张子茜开始打理起自己的小账本。因为她理工科出身，也比较有冒险精神，于是开始投资股票基金，不过都是小额进行。

对于财务报表，她表示，自己并不会刻意进行关注。一来，那些数字比较繁杂，有时候确实是看不懂干着急。二来，她并不完全相信所谓的财务报表。实际上，报表从公布到股民再入市，会存在"时间差"。

一些工薪族会把不看报表作为一种常识性的行为来看待，他们知道如果自己亲眼看到损失的具体数字，就很可能做出以后让自己后悔的变动。工薪族在监督投资时，不要一味地关注财务报表上的数字，只需要对一个投资项目做出整体性的评判，而不是根据它目前的业绩进行评价。

不论市场态势是好是坏，在放手不管与事必躬亲之间保持平衡永远很重要。如果你每天都要检查自己投资报表上数字的变动，那么很可能就会忍不住进行超出自己需求的交易。你还有可能追逐那些热点股票和基金，期望它们能有更出色的表现。要是市场稍显低迷，你就有可能在一个其实不太适宜的时机转移到十分保守的投资项目上。

有效的投资监督可以帮助工薪族知道自己的投资进展如何，投资监督不要过紧也不要过松，只有这样才能给自己的资产以充分成长和发展的空间。一般来说，工薪族可以通过以下过程，在不频繁接触财务报表的情况下，实现良好的资产配置和监管。

1. 计算投资组合的"股票—债券—现金"比例

假如工薪族有几部分用于不同目的的资金，比如一部分用于养老，另一部分用于孩子的大学教育储蓄，那就最好为每部分资金估计合适的资产配置。

对于持有债券的工薪族来说，这世上没有无懈可击的共同基金代理。只要你知道所持债券的期限和信用质量，就可以使用在投资风格箱中同一网格内的债券指数共同基金或交易所指数基金，估算投资组合的投资比率。

有担保的投资合约和稳定价值基金会困难一些，因为二者在共同基金或交易所指数基金的范围内都没有较为相似的类型。它们所获的收益比波动幅度稍大的市场基金能多几个百分点。因而，在计算比率时存在难度。工薪族可以利用现有的其他信息，证实该共同基金是否能够继续投资下去。

2. 将现有的资产配置与目标配置进行比较

一般情况下，只有在资产类别的配置与目标范围偏离了至少5个百分点时才进行调整。比如，将股本配置设置在40%～50%的范围，假如股权下跌到35%甚至更低，那么就需要对你的资产配置进行调整。

3. 注意个人实际现金持有比例

资产配置中的个人现金持有比例，需要根据工薪族自己的实际情况进行设定。对于那些生活稳定，风险较低的工薪族来说，现金持有比例可以相对少一些。但是对于那些将要退休的工薪族来说，应该在大额定期存单、货币市场账户和定期储蓄账户等短期投资中存有相当于2～5年生活费用的资金。

如果在资产配置中存在这样的现金储备，并且定期进行补充，就不必因为生活费用需要提高现金比例而扰乱自己的长期投资。如果有其他收入，比如社会保险或退休金，那么你的现金储备只需满足那些其他收入无法满足的生活费用。

4. 注重投资组合的长期表现

太关注短期表现是不对的，投资组合的检查应该对所有持股做出迅速评估，看看哪些可以最大限度地提升总体回报，哪些则是拖后腿的；能查看年初至今的表现当然好了，但是还应该重点关注长期所得，也就是过去3～5年相较其他同类发行的每股回报，同时还要注意绝对回报。看看哪一只股对投资组合财务基线的贡献最大，哪只减损最大。

不过，表现不如同类项目或产生的绝对回报不足的投资不一定非得卖出。实际上，这会成为投资回报损失惨重的一剂良药，因为曾经表现不佳的基金以后随时可能产生丰厚的回报。但如果你手中的投资既在熊市中表现不佳，又没有在2009年的市场回暖中迅速复苏，那你就一定要核实一下是否曾经有实质性改变影响了该股的吸引力。

  投资理财本来就是一件事无巨细的琐事，工薪族需对资产配置进行微观调整和宏观掌控的平衡。注重以上几点，不用频繁看报表，工薪族的理财计划就可以稳稳当当地展开。